Einstern

leicht gemacht

3

Themenheft 3

- Schriftliche Subtraktion
- Körper
- Längen

Erarbeitet von Roland Bauer und Jutta Maurach

In Zusammenarbeit mit der Redaktion Mathematik Grundschule

Cornelsen

Inhaltsverzeichnis

Wir rechnen mit dem Abziehverfahren.

Lernportion 1 Schriftliche Subtraktion – Abziehen

Wir rechnen mit dem Ergänzungsverfahren.

Lernportion 2 Schriftliche Subtraktion – Ergänzen

Lernportion 3 Geometrische Körper

Lernportion 4 Übungen zur schriftlichen Subtraktion

Lernportion 5 Längen

Abziehen

1 Von den Einnahmen des Schulfests müssen noch Rechnungen bezahlt werden. Lege selbst mit Rechengeld. Schreibe auf, wie viel Geld jeweils übrig bleibt.

a) Getränke

112 €

b) Würstchen

c) Butterbrezeln

d) Pizza

e) Belegte Brötchen

* Abziehverfahren
* Subtraktion handelnd mit Rechengeld stellengerecht durchführen
* Restbeträge ermitteln

Geldbeträge in die Stellentafel übertragen und subtrahieren

Abziehen

Getränke

Hunderter	Zehner	Einer

	H	Z	E
	2	3	4
–	1	2	2
	1	1	2

234 – 122 = 112
ist eine **Subtraktionsaufgabe.**

4 minus 2 gleich 2.

3 minus 2 gleich 1.

2 minus 1 gleich 1.

Beachte:
Beginne immer mit den Einern.

1 Die Rechenbilder zeigen, wie die Rechnungen bezahlt wurden. Berechne den Gewinn. Übertrage dazu jede Subtraktionsaufgabe in die Stellentafel. Subtrahiere. Beginne mit den Einern. Sprich dazu wie Einstern.

a) Würstchen

Hunderter	Zehner	Einer
	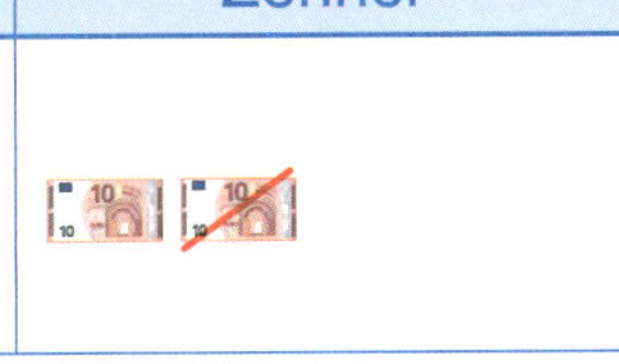	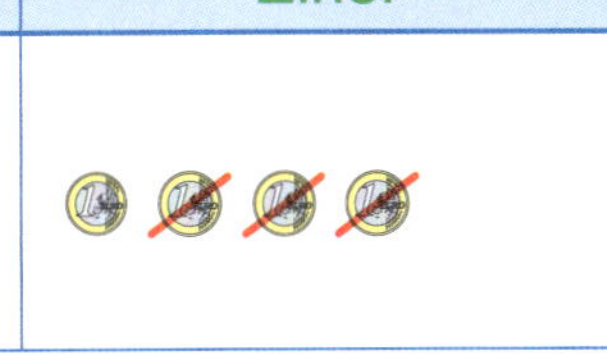

	H	Z	E
	3	2	4
–	1	1	3
	2	1	1

b) Belegte Brötchen

Hunderter	Zehner	Einer

	H	Z	E
–			

c) Pizza

Hunderter	Zehner	Einer

	H	Z	E
–			

⋆ **Abziehverfahren** ⋆ Rechenbilder mit Geldbeträgen in die Stellentafel übertragen ⋆ in der Stellentafel stellengerecht subtrahieren ⋆ **SF:** Vorgehens- und Sprechweise bei der schriftlichen Subtraktion kennenlernen und anwenden

1 Subtraktionsaufgaben in der Stellentafel darstellen

Abziehen

Hunderter	Zehner	Einer

	H	Z	E
	5	9	6
–	2	3	4
	3	6	2

Beachte:
Beginne mit den Einern.

1 Übertrage die Rechenbilder in die Stellentafeln. Subtrahiere.
Beginne mit den Einern. Sprich dazu wie Einstern.

a)

Hunderter	Zehner	Einer

	H	Z	E
–			

b)

Hunderter	Zehner	Einer

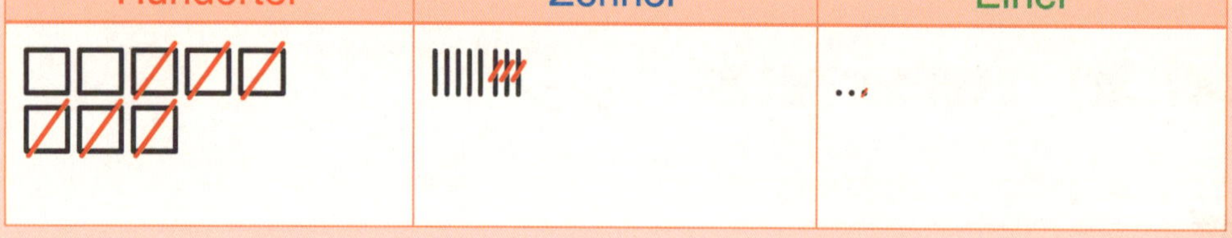

	H	Z	E
–			

c)

Hunderter	Zehner	Einer

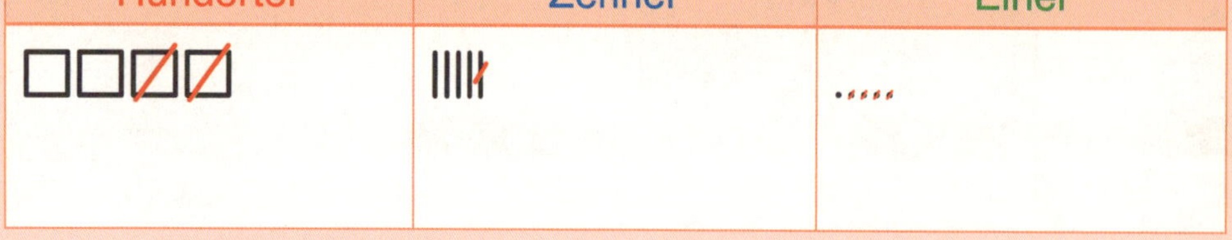

	H	Z	E
–			

★ **Abziehverfahren** ★ Rechenbilder in die Stellentafel übertragen ★ in der Stellentafel stellengerecht subtrahieren ★ **SF:** Vorgehens- und Sprechweise bei der schriftlichen Subtraktion kennenlernen und anwenden

Schriftliches Subtrahieren üben

576 – 345 = ▢

	H	Z	E
	5	7	6
–	3	4	5
	2	3	1

6 minus 5 gleich 1.
7 minus 4 gleich 3.
5 minus 3 gleich 2.

Beachte:
Beginne mit den Einern.
Rechne von oben nach unten.

1 Löse die Aufgaben und sprich dazu wie Einstern.
Bitte ein anderes Kind, deine Sprechweise zu überprüfen.
Kontrolliere die Ergebnisse. Die Lösungszahlen findest du in den Sternen.

a)

	H	Z	E
	8	6	3
–	5	5	2
	3	1	1

b)

	H	Z	E
	5	3	5
–	4	1	4

c)

	H	Z	E
	6	8	9
–	3	4	7

121 ~~311~~ 342

2 Löse die Aufgaben und sprich dazu wie Einstern.
Kontrolliere die Ergebnisse.

a)
```
  7 3 9
– 2 2 3
-------
  5 1 6
```

b)
```
  9 4 2
– 3 1 2
-------
```

c)
```
  4 6 3
–   5 1
-------
```

412 ~~516~~ 630

3 Schreibe die Zahlen richtig untereinander. Berechne das Ergebnis.
Kontrolliere selbst.

a) 647 – 435
```
  6 4 7
– 4 3 5
-------
```

b) 793 – 350
```
–
-------
```

c) 557 – 36
```
–
-------
```

212 443 521

⋆ **Abziehverfahren** ⋆ in der Stellentafel und im Karoraster schriftlich subtrahieren, Differenzen kontrollieren ⋆ **SF:** Vorgehens- und Sprechweise anwenden
⋆ Subtraktionsaufgaben stellengerecht notieren und lösen

Subtraktionsaufgaben mit Tauschvorgang beim Zehner kennenlernen

Abziehen

462 – 327 = ☐

Zeichnen:

Hunderter	Zehner	Einer
□□□□	||||||	••

2 Einer minus 7 Einer kann ich nicht rechnen. Ich tausche 1 Zehner in 10 Einer.

1 Zehner in 10 Einer tauschen:

Hunderter	Zehner	Einer
□□□□	|||||| (1 Zehner durchgestrichen)	•• ••••• •••••

H	Z	E
	5	12
4	~~6~~	~~2~~

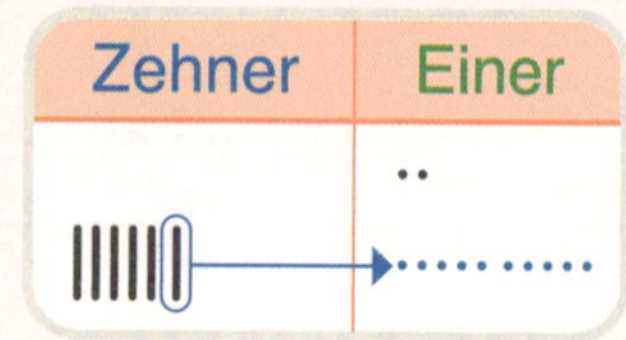

Abziehen:

Hunderter	Zehner	Einer
□~~□~~~~□~~~~□~~	|||||| (Zehner durchgestrichen)	•• ••••• ••••• (Einer durchgestrichen)

	H	Z	E
		5	12
	4	~~6~~	~~2~~
–	3	2	7
	1	3	5

1 Zeichne den Tauschvorgang farbig ein und notiere ihn in der Stellentafel. Subtrahiere dann im Rechenbild und in der Stellentafel.

a) **534 – 116 =** ☐

Hunderter	Zehner	Einer
□□□□□	||| (1 Zehner durchgestrichen)	•••• ••••• •••••

	H	Z	E
	5	3	4
–	1	1	6

b) **345 – 238 =** ☐

Hunderter	Zehner	Einer
□□□	||||	•••••

	H	Z	E
	3	4	5
–	2	3	8

★ **Abziehverfahren** ★ den Tauschvorgang eines Zehners in zehn Einer verstehen und anwenden ★ die Notation beim Tauschvorgang kennenlernen und anwenden

Mit Tauschvorgang beim Zehner schriftlich subtrahieren

Abziehen

792 – 468 = ▯

	H	Z	E
		8	12
	7	~~9~~	~~2~~
–	4	6	8
	3	2	4

2 Einer minus 8 Einer geht nicht. Ich tausche 1 Zehner in 10 Einer und behalte 8 Zehner. 12 Einer minus 8 Einer gleich 4 Einer. Ich schreibe 4.

8 Zehner minus 6 Zehner gleich 2 Zehner. Ich schreibe 2.

7 Hunderter minus 4 Hunderter gleich 3 Hunderter. Ich schreibe 3.

1 Löse die Aufgaben und sprich dazu wie Einstern.
Bitte ein anderes Kind, deine Sprechweise zu überprüfen.
Kontrolliere die Ergebnisse selbst.

a)

	H	Z	E
		6	11
	3	~~7~~	~~1~~
–	2	3	7
			4

b)

	H	Z	E
	7	6	2
–	3	1	6

c)

	H	Z	E
	4	9	3
–	2	5	8

134 235 446

2 Löse die Aufgaben und sprich dazu wie Einstern. Kontrolliere die Ergebnisse.

a)

		5	12
	4	~~6~~	~~2~~
–	2	3	7
			5

b)

	3	7	4
–	2	2	8

c)

	9	5	3
–		3	7

146 225 916

3 Schreibe die Zahlen richtig untereinander. Berechne das Ergebnis. Kontrolliere selbst.

a) 752 – 419

	7	5	2
–	4	1	9

b) 291 – 108

–			

c) 864 – 57

–			

183 333 807

⋆ **Abziehverfahren** ⋆ **SF:** Schreib- und Sprechweise bei der schriftlichen Subtraktion mit Tauschvorgang beim Zehner kennenlernen und anwenden ⋆ Subtraktionsaufgaben mit Tauschvorgang beim Zehner lösen und kontrollieren, ggf. stellengerecht notieren

1 Subtraktionsaufgaben mit Tauschvorgang beim Hunderter kennenlernen

Abziehen

635 – 274 =

Zeichnen:

Hunderter	Zehner	Einer
□□□□□□	|||	.....

3 Zehner minus 7 Zehner kann ich nicht rechnen. Ich tausche 1 Hunderter in 10 Zehner.

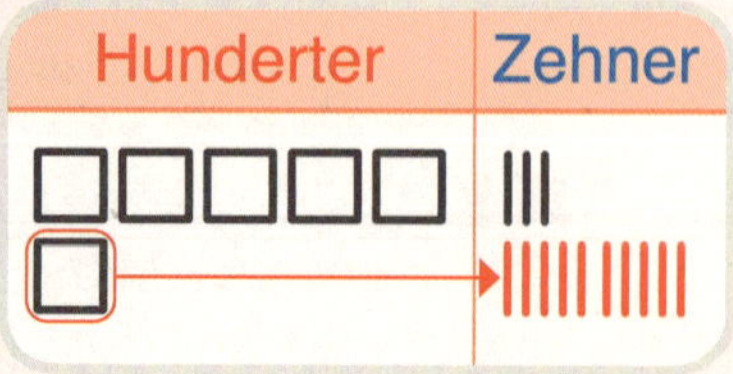

1 Hunderter in 10 Zehner tauschen:

Hunderter	Zehner	Einer
□□□□□□ (1 durchgestrichen)	||| ||||| |||||	.....

	H	Z	E
	5	13	
	~~6~~	~~3~~	5

Abziehen:

Hunderter	Zehner	Einer
□□□□□□ (3 durchgestrichen)	||| ||||| ||||| (7 durchgestrichen)	..... (4 durchgestrichen)

	H	Z	E
	5	13	
	~~6~~	~~3~~	5
–	2	7	4
	3	6	1

1 Zeichne den Tauschvorgang farbig ein und notiere ihn in der Stellentafel.
Subtrahiere dann in dem Rechenbild und in der Stellentafel.

a) 534 – 251 =

Hunderter	Zehner	Einer
□□□□□ (1 durchgestrichen)	||| ||||| |||||	....

	H	Z	E
	5	3	4
–	2	5	1

b) 416 – 162 =

Hunderter	Zehner	Einer
□□□□			......

	H	Z	E
	4	1	6
–	1	6	2

B

✶ **Abziehverfahren** ✶ den Tauschvorgang eines Hunderters in zehn Zehner verstehen und anwenden ✶ die Notation beim Tauschvorgang kennenlernen und anwenden

Mit Tauschvorgang beim Hunderter schriftlich subtrahieren

Abziehen

528 – 361 = ▢

	H	Z	E
	4	12	
	~~5~~	~~2~~	8
–	3	6	1
	1	6	7

8 Einer minus 1 Einer gleich 7 Einer. Ich schreibe 7.

2 Zehner minus 6 Zehner geht nicht. Ich tausche 1 Hunderter in 10 Zehner und behalte 4 Hunderter. 12 Zehner minus 6 Zehner gleich 6 Zehner. Ich schreibe 6.

4 Hunderter minus 3 Hunderter gleich 1 Hunderter. Ich schreibe 1.

1 Löse die Aufgaben und sprich dazu wie Einstern.
Bitte ein anderes Kind, deine Sprechweise zu überprüfen.
Kontrolliere die Ergebnisse selbst.

a)

	H	Z	E
	6	15	
	~~7~~	~~5~~	8
–	3	7	4
		8	4

b)

	H	Z	E
	4	3	7
–	2	8	1

c)

	H	Z	E
	8	5	8
–	5	8	5

156 273 384

2 Löse die Aufgaben und sprich dazu wie Einstern. Kontrolliere die Ergebnisse.

a)

	5	11	
	~~6~~	~~1~~	7
–	3	8	4
		3	3

b)

	8	3	5
–		8	4

c)

	5	4	8
–	3	9	0

158 233 751

3 Schreibe die Zahlen richtig untereinander. Berechne das Ergebnis. Kontrolliere selbst.

a) 769 – 482

	7	6	9
–	4	8	2

b) 917 – 660

c) 274 – 91

183 257 287

⋆ Abziehverfahren ⋆ SF: Schreib- und Sprechweise bei der schriftlichen Subtraktion mit Tauschvorgang beim Hunderter kennenlernen und anwenden ⋆ Subtraktionsaufgaben mit Tauschvorgang beim Hunderter lösen und kontrollieren, ggf. stellengerecht notieren

AH 40

Subtraktionsaufgaben mit mehreren Tauschvorgängen kennenlernen

Abziehen

1 Betrachte die Aufgaben mit mehreren Tauschvorgängen. Löse sie und sprich dazu wie Einstern. Bitte ein anderes Kind, deine Sprechweise zu überprüfen.

Beim Zehner und beim Hunderter tauschen

	H	Z	E
	5	11 1	14
	~~6~~	~~2~~	~~4~~
−	3	8	5
	2	3	9

4 minus 5 geht nicht. 14 minus 5 gleich 9. Ich schreibe 9.

1 minus 8 geht nicht. 11 minus 8 gleich 3. Ich schreibe 3.

5 minus 3 gleich 2. Ich schreibe 2.

a)

	H	Z	E
	3	12 2	16
	~~4~~	~~3~~	~~6~~
−	2	5	7
	1	7	9

b)

	H	Z	E
	7	4	6
−	4	5	8

c)

	H	Z	E
	8	3	5
−	6	7	6

d)

	H	Z	E
	8	5	3
−	3	7	9

2 Beachte die Besonderheit bei 0 Zehnern. Löse die Aufgaben und sprich dazu wie Einstern. Bitte ein anderes Kind, deine Sprechweise zu überprüfen.

Zweimal tauschen beim Abziehen von einer Zahl mit 0 Zehnern

	H	Z	E
	6	9 10	13
	~~7~~	~~0~~	~~3~~
−	2	8	5
	4	1	8

3 Einer minus 5 Einer geht nicht. Es gibt keinen Zehner zum Tauschen. Deshalb tausche ich zuerst 1 Hunderter in 10 Zehner und behalte 6 Hunderter. Nun tausche ich 1 Zehner in 10 Einer und behalte 9 Zehner. 13 Einer minus 5 Einer gleich 8 Einer. Ich schreibe 8.

9 Zehner minus 8 Zehner gleich 1 Zehner. Ich schreibe 1.

6 Hunderter minus 2 Hunderter gleich 4 Hunderter. Ich schreibe 4.

a)

	H	Z	E
	4	9 10	14
	~~5~~	~~0~~	~~4~~
−	3	0	9
	1	9	5

b)

	H	Z	E
	6	0	3
−	2	0	7

c)

	H	Z	E
	7	0	0
−	3	7	8

d)

	H	Z	E
	8	0	0
−	6	4	7

★ **Abziehverfahren** ★ **SF:** Schreib- und Sprechweise bei mehreren Tauschvorgängen kennenlernen und anwenden
★ Subtraktionsaufgaben mit mehreren Tauschvorgängen lösen

Mit mehreren Tauschvorgängen schriftlich subtrahieren

Abziehen

1 Löse die Aufgaben mit mehreren Tauschvorgängen.
Sprich dazu.

a)

	H	Z	E
	3	14 4	12
	~~4~~	~~5~~	~~2~~
–	2	8	8
	1	6	4

b)

	H	Z	E
	7	2	3
–	1	6	8

c)

	H	Z	E
	8	2	4
–	5	6	5

Beachte die Tauschvorgänge.

2 Löse die Aufgaben mit mehreren Tauschvorgängen.
Sprich dazu.

a)

	4	9 10	13
	~~5~~	~~0~~	~~3~~
–	3	8	7
	1	1	6

b)

	3	7	2
–	1	8	5

c)

	6	1	3
–		7	8

d)

	7	0	4
–	2	5	7

3 Schreibe die Zahlen richtig untereinander. Berechne das Ergebnis.
Sprich dazu. Kontrolliere die Ergebnisse.

a) 954 – 665

	8	14 4	14
	~~9~~	~~5~~	~~4~~
–	6	6	5
	2	8	9

b) 831 – 576

c) 742 – 85

d) 805 – 458

e) 536 – 488

f) 735 – 96

48 · 255 · ~~289~~ · 347 · 639 · 657

Subtraktionsaufgaben mit einem Tauschvorgang lösen

Abziehen

1 Löse die Aufgaben. Beachte den Tauschvorgang beim Zehner. Kontrolliere selbst.

a)

	H	Z	E
		7	12
	7	8	2
–	3	5	6
			6

b)

	H	Z	E
	6	7	3
–	4	5	8

c)

	H	Z	E
	9	5	1
–	6	3	4

215 317 426

2 Löse die Aufgaben. Beachte den Tauschvorgang beim Hunderter. Kontrolliere selbst.

a)

	H	Z	E
	8	11	
	9	1	6
–	3	5	2
		6	4

b)

	H	Z	E
	5	4	9
–	2	8	6

c)

	H	Z	E
	8	5	7
–	5	8	2

263 275 564

3 Löse die Aufgaben. Beachte den Tauschvorgang. Kontrolliere selbst.

a)

$$\begin{array}{r} 754 \\ -\,428 \\ \hline \end{array}$$

b)

$$\begin{array}{r} 639 \\ -\,257 \\ \hline \end{array}$$

c)

$$\begin{array}{r} 845 \\ -\,327 \\ \hline \end{array}$$

326 382 518

4 Schreibe die Zahlen richtig untereinander. Berechne das Ergebnis. Beachte den Tauschvorgang. Kontrolliere selbst.

a) 572 – 245

$$\begin{array}{r} 572 \\ -\,245 \\ \hline \end{array}$$

b) 619 – 36

c) 928 – 471

327 457 583

★ **Abziehverfahren** ★ Subtraktionsaufgaben mit einem Tauschvorgang in der Stellentafel und im Karoraster lösen und kontrollieren
★ Subtraktionsaufgaben mit einem Tauschvorgang stellengerecht notieren

Abziehen

1 Bestimme die gesuchten Zahlen durch schriftliches Subtrahieren.

a)

Die gesuchte Zahl erhältst du, wenn du die Differenz von 732 und 574 bildest.

Die gesuchte Zahl ist ____.

Die gesuchte Zahl erhältst du, wenn du 287 von 956 subtrahierst.

Die gesuchte Zahl ist ____.

b)

Wenn du von 532 die gesuchte Zahl subtrahierst, erhältst du 215.

Die gesuchte Zahl ist ____.

Wenn du von 843 die gesuchte Zahl subtrahierst, erhältst du 694.

Die gesuchte Zahl ist ____.

c) Besprich deine Vorgehensweise und deine Lösungen mit einem anderen Kind.

2 Stelle zwei zur Differenz passende Aufgaben zusammen.

a) 285

– ____ = 2 8 5

– ____ = 2 8 5

b) 379

– ____ = 3 7 9

– ____ = 3 7 9

c) 146

– ____ = 1 4 6

– ____ = 1 4 6

d) 67

– ____ = 6 7

– ____ = 6 7

★ **Abziehverfahren** ★ Zahlenrätsel in schriftliche Subtraktionsaufgaben übertragen und lösen ★ zu vorgegebener Differenz zwei Subtraktionsaufgaben finden

Ergänzen

Lea wünscht sich das Fahrrad für 354 €.
Sie hat schon 231 € gespart.
Sie überlegt, wie viel Geld ihr noch fehlt.

231 € + ☐ € = 354 €

Das kostet es:	3	5	4
Das habe ich:			
Das fehlt noch:			

Ich ergänze immer.

	H	Z	E
	3	5	4
–	2	3	1
	1	2	3

1 plus 3 gleich 4.

3 plus 2 gleich 5.

2 plus 1 gleich 3.

Beachte:
Beginne immer mit den Einern.

1 Wie viel Geld fehlt Lea für die anderen Fahrräder?
Löse die Aufgaben und sprich dazu wie Einstern.
Bitte ein anderes Kind, deine Sprechweise zu überprüfen.

a)

	H	Z	E
	2	4	5
–	2	3	1
		1	4

b)

	H	Z	E
	4	6	8
–	2	3	1

c)

	H	Z	E
	3	8	9
–	2	3	1

d)

	H	Z	E
	2	9	8
–	2	3	1

★ **Ergänzungsverfahren** ★ Vorgehensweise bei der schriftlichen Subtraktion kennenlernen, verstehen und anwenden ★ **SF:** passende Sprechweise kennenlernen und anwenden ★ fehlende Beträge ermitteln

Schriftliches Subtrahieren kennenlernen

Ergänzen

574 – 351 = ▢

Ich ergänze immer.

574 – 351 = 223
ist eine **Subtraktionsaufgabe.**

	H	Z	E
	5	7	4
–	3	5	1
	2	2	3

1 plus 3 gleich 4.

5 plus 2 gleich 7.

3 plus 2 gleich 5.

Beachte:
Beginne mit den Einern.
Rechne von unten nach oben.

1 Löse die Aufgaben und sprich dazu wie Einstern.
Bitte ein anderes Kind, deine Sprechweise zu überprüfen.
Kontrolliere die Ergebnisse. Die Lösungszahlen findest du in den Sternen.

a)

	H	Z	E
	4	8	9
–	2	5	6
	2	3	3

b)

	H	Z	E
	8	7	5
–	3	3	2

c)

	H	Z	E
	9	7	8
–	6	5	3

~~233~~ 325 543

2 Löse die Aufgaben und sprich dazu wie Einstern.
Kontrolliere die Ergebnisse.

a)

	3	5	6
–	1	2	4
	2	3	2

b)

	1	9	8
–		4	7

c)

	2	5	4
–	2	0	1

53 151 ~~232~~

3 Schreibe die Zahlen richtig untereinander. Berechne das Ergebnis.
Kontrolliere selbst.

a) 785 – 342

	7	8	5
–	3	4	2

b) 684 – 403

c) 968 – 23

281 443 945

★ **Ergänzungsverfahren** ★ in der Stellentafel und im Karoraster schriftlich subtrahieren, Differenzen kontrollieren ★ **SF:** Vorgehens- und Sprechweise anwenden
★ Subtraktionsaufgaben stellengerecht notieren und lösen

2 Mit Übertrag zum Zehner schriftlich subtrahieren

Ergänzen

372 – 227 = ▢

	H	Z	E
			10
	3	7	2
–	2	2	7
		1	
	1	4	5

Von 7 kann ich nicht auf 2 ergänzen.
Mein Trick:
Ich gebe zu beiden Zahlen 10 dazu.
Der Unterschied bleibt gleich.

7 + 5 = 12, ich schreibe 5 und übertrage 1.

1 + 2 = 3.
3 + 4 = 7, ich schreibe 4.

2 + 1 = 3, ich schreibe 1.

1 Löse die Aufgaben und sprich dazu wie Einstern.
Bitte ein anderes Kind, deine Sprechweise zu überprüfen.
Kontrolliere die Ergebnisse selbst.

a)

	H	Z	E
			10
	6	8	2
–	2	4	7
		1	
			5

b)

	H	Z	E
	4	9	1
–	2	6	3

c)

	H	Z	E
	8	6	2
–	5	4	8

228 314 435

2 Löse die Aufgaben und sprich dazu wie Einstern. Kontrolliere die Ergebnisse.

a)

			10
	4	5	3
–	2	3	8
		1	
			5

b)

	6	8	2
–	3	0	8

c)

	3	9	2
–		3	5

215 357 374

3 Schreibe die Zahlen richtig untereinander. Berechne das Ergebnis. Kontrolliere selbst.

a) 575 – 359

	5	7	5
–	3	5	9

b) 951 – 634

–			

c) 251 – 27

–			

216 224 317

★ **Ergänzungsverfahren** ★ Vorgehen beim Subtrahieren mit Übertrag zum Zehner verstehen
★ **SF:** Schreib- und Sprechweise bei Aufgaben mit Übertrag zum Zehner kennenlernen und anwenden ★ Subtraktionsaufgaben lösen und kontrollieren, ggf. stellengerecht notieren

Mit Übertrag zum Hunderter schriftlich subtrahieren

Ergänzen

653 – 372 = ▢

	H	Z	E
		10	
	6	5	3
–	3	7	2
	1		
	2	8	1

Von 7 kann ich nicht auf 5 ergänzen. Mein Trick: Ich gebe zu beiden Zahlen 100 dazu. Der Unterschied bleibt gleich.

2 + 1 = 3, ich schreibe 1.

7 + 8 = 15, ich schreibe 8 und übertrage 1.

1 + 3 = 4.
4 + 2 = 6, ich schreibe 2.

1 Löse die Aufgaben und sprich dazu wie Einstern.
Bitte ein anderes Kind, deine Sprechweise zu überprüfen.
Kontrolliere die Ergebnisse selbst.

a)

	H	Z	E
		10	
	7	3	4
–	2	6	3
	1		
		7	1

b)

	H	Z	E
	4	2	7
–	1	8	5

c)

	H	Z	E
	8	3	8
–	5	7	3

242 265 471

2 Löse die Aufgaben und sprich dazu wie Einstern. Kontrolliere die Ergebnisse.

a)
```
   10
  3 5 8
– 1 7 4
  1
    8 4
```

b)
```
  7 6 8
– 2 8 4
```

c)
```
  4 1 9
–   8 7
```

184 332 484

3 Schreibe die Zahlen richtig untereinander. Berechne das Ergebnis. Kontrolliere selbst.

a) 636 – 475
```
  6 3 6
– 4 7 5
```

b) 973 – 480
```
–
```

c) 386 – 92
```
–
```

161 294 493

Ergänzen

653 – 284 = ■

	H	Z	E
		10	10
	6	5	3
–	2	8	4
	1	1	
	3	6	9

4 + 9 = 13, ich schreibe 9 und übertrage 1.

9 + 6 = 15, ich schreibe 6 und übertrage 1.

3 + 3 = 6, ich schreibe 3.

1 Löse die Aufgaben mit mehreren Überträgen.
Sprich dazu wie Einstern. Bitte ein anderes Kind, deine Sprechweise zu überprüfen.

a)

	H	Z	E
		10	10
	9	5	4
–	3	8	9
	1	1	
	5	6	5

b)

	H	Z	E
	6	4	2
–	3	9	7

c)

	H	Z	E
	5	6	4
–	2	8	7

d)

	H	Z	E
	7	4	3
–	2	6	5

2 Beim Ergänzen auf eine Zahl mit 0 Zehnern gehst du wie bisher vor.
Löse die Aufgaben und sprich dazu wie Einstern.
Kontrolliere die Ergebnisse.

a)

	H	Z	E
		10	10
	5	0	4
–	3	0	9
	1	1	
	1	9	5

b)

	H	Z	E
	8	0	3
–	6	0	9

c)

	H	Z	E
	4	0	7
–	1	0	8

d)

	H	Z	E
		10	10
	7	0	0
–	3	7	8
	1	1	
	3	2	2

e)

	H	Z	E
	8	0	0
–	6	4	7

f)

	H	Z	E
	5	0	0
–	3	7	3

127
153
194
~~195~~
299
~~322~~

* **Ergänzungsverfahren**
* **SF:** Schreib- und Sprechweise bei Aufgaben mit mehreren Überträgen kennenlernen und anwenden * Subtraktionsaufgaben mit mehreren Überträgen lösen

2 Subtraktionsaufgaben mit mehreren Überträgen lösen

Ergänzen

1 Löse die Aufgaben mit mehreren Überträgen.
Sprich dazu.

a)

	H	Z	E
		10	10
	9	4	3
–	3	5	8
	1	1	
	5	8	5

b)

	H	Z	E
	7	3	0
–	4	8	2

c)

	H	Z	E
	5	0	4
–	1	3	6

Beachte die Überträge.

2 Löse die Aufgaben mit mehreren Überträgen.
Sprich dazu.

a)

		10	10
	3	4	8
–		7	9
	1	1	
	2	6	9

b)

	9	8	1
–	6	9	4

c)

	5	2	3
–		3	7

d)

	4	0	7
–	3	4	9

3 Schreibe die Zahlen richtig untereinander. Berechne das Ergebnis.
Sprich dazu. Kontrolliere die Ergebnisse.

a) 827 – 349

		10	10
	8	2	7
–	3	4	9
	1	1	
	4	7	8

b) 613 – 65

c) 435 – 298

d) 904 – 237

e) 470 – 187

f) 578 – 89

137 283 ~~478~~ 489 548 667

★ **Ergänzungsverfahren** ★ Subtraktionsaufgaben mit mehreren Überträgen lösen bzw. stellengerecht notieren, lösen und kontrollieren
★ **SF:** Schreib- und Sprechweise anwenden

Ergänzen

1 Löse die Aufgaben. Beachte den Übertrag zum Zehner.
Kontrolliere selbst.

a)

	H	Z	E
			10
	~~7~~	8	2
−	4	5	6
		1	
			6

b)

	H	Z	E
	6	7	3
−	3	2	5

c)

	H	Z	E
	9	5	3
−	6	2	8

325 326 348

2 Löse die Aufgaben. Beachte den Übertrag zum Hunderter.
Kontrolliere selbst.

a)

	H	Z	E
		10	
	6	2	9
−	3	7	4
	1		
		5	5

b)

	H	Z	E
	4	3	8
−	2	7	5

c)

	H	Z	E
	8	5	6
−	5	7	4

163 255 282

3 Löse die Aufgaben. Beachte den Übertrag.
Kontrolliere selbst.

a)

			10
	4	8	3
−	1	2	7
		1	
			6

b)

	9	2	8
−	4	5	3

c)

	5	9	1
−	3	6	8

223 356 475

4 Schreibe die Zahlen richtig untereinander. Berechne das Ergebnis.
Beachte den Übertrag. Kontrolliere selbst.

a) 623 – 451

		10	
	6	2	3
−	4	5	1
	1		
		7	2

b) 435 – 284

−			

c) 732 – 72

−			

151 172 660

★ **Ergänzungsverfahren** ★ Subtraktionsaufgaben mit einem Übertrag in der Stellentafel und im Karoraster lösen und kontrollieren
★ Subtraktionsaufgaben mit einem Übertrag stellengerecht notieren

Ergänzen

1 Bestimme die gesuchten Zahlen durch schriftliches Subtrahieren.

a)

Die gesuchte Zahl erhältst du, wenn du die Differenz von 513 und 265 bildest.

Die gesuchte Zahl ist ____.

Die gesuchte Zahl erhältst du, wenn du 175 von 743 subtrahierst.

Die gesuchte Zahl ist ____.

b)

Wenn du von 785 die gesuchte Zahl subtrahierst, erhältst du 548.

Die gesuchte Zahl ist ____.

Wenn du von 435 die gesuchte Zahl subtrahierst, erhältst du 262.

Die gesuchte Zahl ist ____.

c) Besprich deine Vorgehensweise und deine Lösungen mit einem anderen Kind.

2 Stelle zwei zur Differenz passende Aufgaben zusammen.

a) 348

$-$ ___ = 3 4 8

$-$ ___ = 3 4 8

b) 276

$-$ ___ = 2 7 6

$-$ ___ = 2 7 6

c) 152

$-$ ___ = 1 5 2

$-$ ___ = 1 5 2

d) 89

$-$ ___ = 8 9

$-$ ___ = 8 9

★ **Ergänzungsverfahren** ★ Zahlenrätsel in schriftliche Subtraktionsaufgaben übertragen und lösen ★ zu vorgegebener Differenz zwei Subtraktionsaufgaben finden

3 Geometrische Körper im Alltag finden

1 Ordne die Gegenstände den geometrischen Körpern zu.

Würfel | Quader | Kugel | Zylinder | Kegel | Pyramide

2 Entdecke Körperformen in deiner Umwelt.

a Schneide aus Zeitschriften, Katalogen usw. Bilder von Gegenständen aus. Du kannst die Dinge auch fotografieren. Klebe sie nach Körperformen geordnet auf.

b Bringe von zu Hause leere Verpackungen mit. Schreibe immer den Namen der Körperform auf einen Aufkleber und klebe ihn auf die Verpackung.

c Überlege und besprich mit einem anderen Kind, bei welchen Gegenständen die geometrischen Körper deutlich sichtbar sind. Begründet, warum man bestimmte Körperformen sehr oft und andere nur selten im Alltag findet.

3 Spielt „Ich sehe was, das du nicht siehst“. Nutzt dabei die Namen der Körperformen, zum Beispiel: „Ich sehe einen Zylinder. Er ist rot.“

★ geometrischen Körpern Abbildungen aus dem Alltag zuordnen
★ **MK:** Abbildungen und Verpackungen zu geometrischen Körpern finden und mitbringen oder fotografieren und ordnen ★ **SF:** Rätselaufgaben zu geometrischen Körpern finden und lösen

3 Körperformen an Bauwerken entdecken

A

B

C

D

1 Suche dir ein anderes Kind. Besprecht zusammen jedes Foto.

a) Welche Körperformen (Quader, Zylinder ...) entdeckt ihr?

b) Welche Flächenformen (Kreis, Dreieck, Quadrat, Rechteck) entdeckt ihr?

2 Baue gemeinsam mit anderen Kindern solche kunstvollen Gebäude.
Überlegt, welche Materialien ihr verwenden wollt.

Pappe oder Verpackungsmaterialien bemalen oder mit farbigem Papier bekleben

Mit Bausteinen bauen

★ in Abbildungen von Bauwerken geometrische Körper und geometrische Flächenformen erkennen
★ Bauwerke aus geometrischen Körpern basteln oder bauen

Eigenschaften geometrischer Körper beschreiben

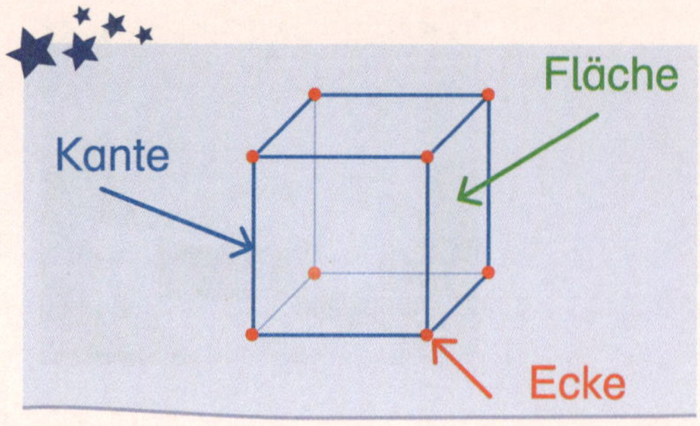

1 Fülle die Tabelle aus.

Körper	Anzahl der Flächen	Anzahl der Kanten	Anzahl der Ecken
Würfel	6	12	8
Quader			
Kugel			
Zylinder			
Kegel			
Pyramide			

2 Ordne jedem Körper passende Flächenformen zu. Verbinde.

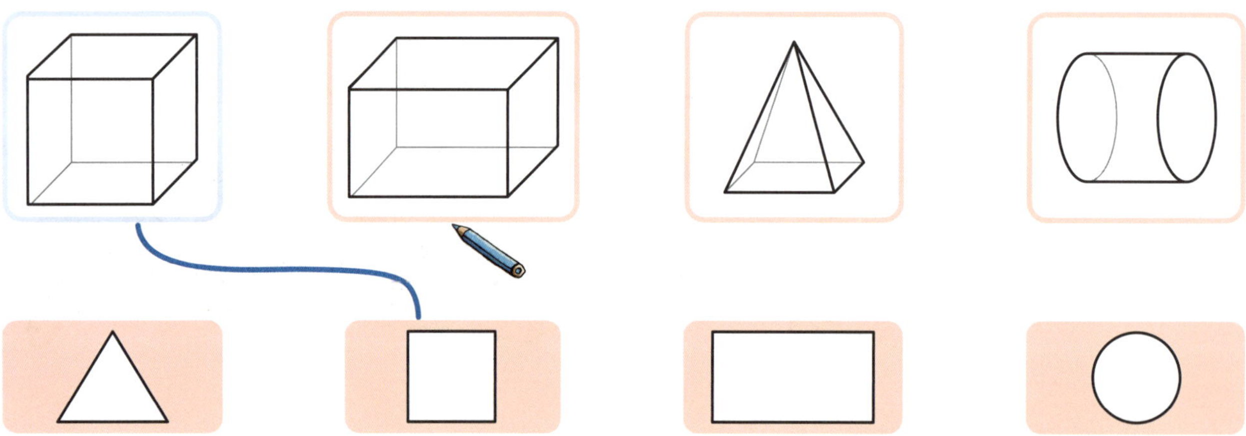

3 Löst die Körper-Rätsel. Erstellt auch eigene Rätsel.

★ SF: geometrische Körper mit Fachbegriffen „Ecke", „Kante" und „Fläche" beschreiben
★ geometrischen Körpern passende Flächenformen zuordnen
★ SF: Rätselaufgaben zu geometrischen Körpern finden und lösen

1 Betrachtet die Würfelmodelle, die die Kinder herstellen.
Vergleicht sie. Besprecht Unterschiede und Gemeinsamkeiten.

2 Stelle aus Knete, Schaumstoff oder anderen Materialien Vollmodelle mehrerer Körper her.

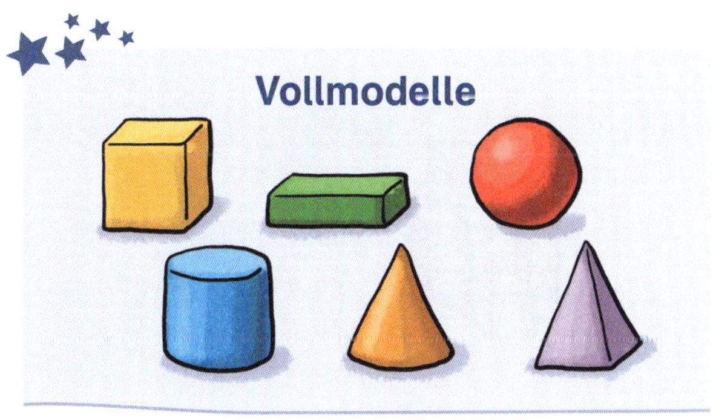

3 Baue Kantenmodelle mit Holzstäbchen und Kügelchen aus Knetmasse.
Besprich vor dem Bauen mit einem anderen Kind, was ihr beachten müsst.
Tipp: Kugeln, Zylinder und Kegel könnt ihr nicht als Kantenmodell bauen.

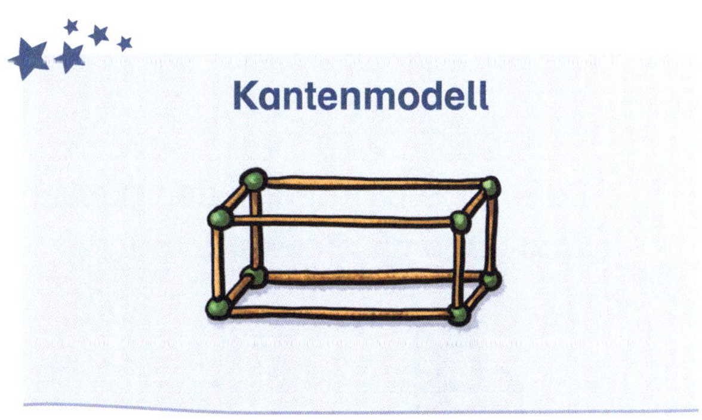

4 Baue zwei Flächenmodelle aus Pappe und Klebestreifen.
Besprich vor dem Bauen mit einem anderen Kind, was ihr beachten müsst.
Tipp: Kugeln könnt ihr nicht als Flächenmodell bauen.

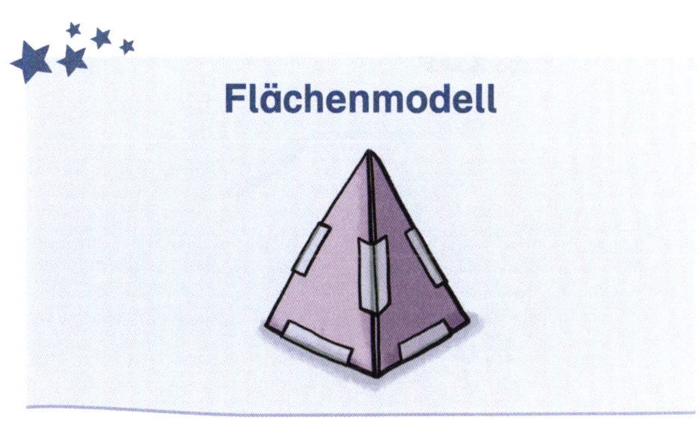

* mit verschiedenen Materialien unterschiedliche Modelle (Vollmodelle, Kantenmodelle und Flächenmodelle) geometrischer Körper herstellen

3 Mit Würfeln nach Bauplänen bauen

1 Baue mit Steckwürfeln oder mit Holzwürfeln nach. Die Baupläne können dir helfen. Bestimme die Anzahl der Einzelwürfel.

a)

0	3	2	1
1	2	1	0

10

b)

3	3	3
3	3	2
3	2	1

c)

3	4	3
2	3	2
1	2	1

2 Baue mit Steckwürfeln oder mit Holzwürfeln nach folgenden Bauplänen.

a)

0	3	0
2	2	2
0	1	0

b)

4	2	3
3	2	1
1	0	0

c)

1	2	0
2	3	2
0	2	1

3 Ordne jedem Bauwerk den passenden Bauplan zu. Baue dann die Bauwerke nach.

2	3	2
2	2	2
1	0	1

1	2	3
1	2	2
1	1	1

3	4	2
2	3	2
1	2	1

* Würfelbauten nach Vorlage oder Bauplan bauen
* Anzahl der bei Würfelbauten verwendeten Einzelwürfel ermitteln
* Baupläne und Würfelbauten passend zuordnen

3 Würfelbauten untersuchen

1 Baue mit Steckwürfeln oder mit Holzwürfeln nach.
Bestimme die Anzahl der Einzelwürfel.

a) 

11

b) 

c) 

d) 

e) 

f) 

2 Immer ein Bauplan passt zum Würfelbau. Kreise ein.

a) 

4	2	3
3	2	1
1	0	0

5	2	3
3	2	1
1	0	0

b) 

3	3	0
3	3	1
3	3	2

3	3	2
3	3	1
3	3	0

c) 

2	4	1
1	2	0
0	1	0

1	4	1
1	2	0
0	1	0

d) 

4	3	2
3	2	1
0	1	0

2	3	4
1	2	3
0	1	0

★ Anzahl der bei Würfelbauten verwendeten Einzelwürfel ermitteln
★ den zum Würfelbau passenden Bauplan erkennen

Verschiedene Ansichten von Bauwerken erkennen und zeichnen

1 Ordne die gezeichneten Ansichten zu.

von vorn | von hinten | von links | von rechts

2 Zeichne die Ansichten des Bauwerks.

von vorn | von hinten | von links | von rechts

★ verschiedene Ansichten eines Bauwerks aus geometrischen Körpern passend zuordnen
★ verschiedene Ansichten eines Bauwerks aus geometrischen Körpern zeichnen

1 Baue den Würfelbau nach.
Ordne die gezeichneten Ansichten zu.

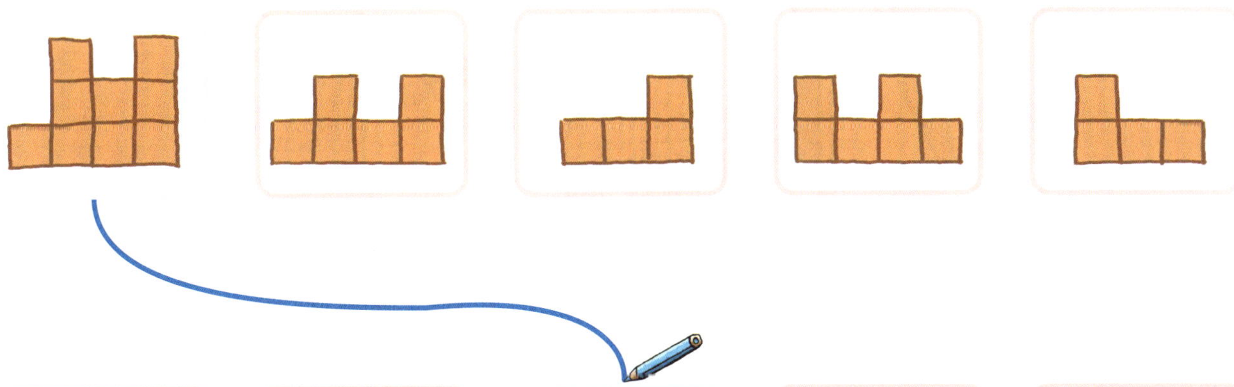

von vorn | von hinten | von oben | von links | von rechts

2 Max hat Würfelbauten von vorn, von hinten, von links, von rechts und von oben fotografiert.
Ordne die Fotos richtig zu.

a)

von vorn

b)

von vorn

3 Körpernetze herstellen und erkennen

Du kannst eine Verpackung so zerschneiden, dass beim Auseinanderklappen eine zusammenhängende Fläche entsteht.
Das ist ein **Körpernetz**.

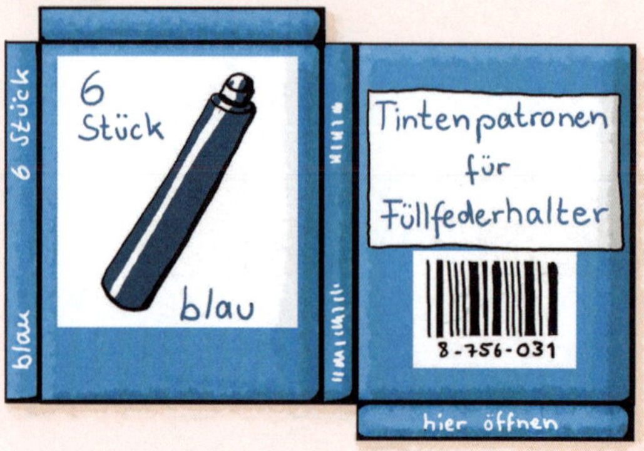

1 Stellt aus verschiedenen Verpackungen Körpernetze her.
Beschriftet eure Netze.
Sortiert die Netze nach den geometrischen Körpern.

2 Verbinde die Körper mit dem jeweils passenden Netz.

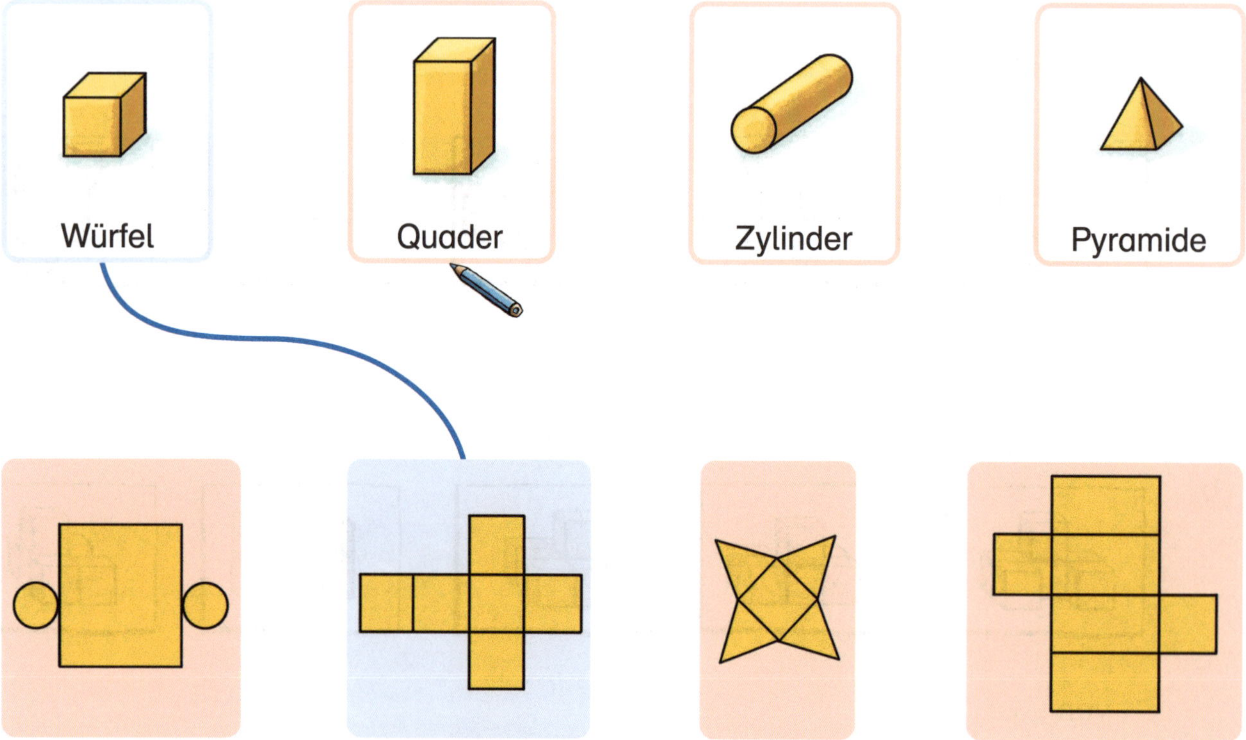

* Körpernetze durch Zerschneiden von Verpackungen herstellen
* geometrischen Körpern Körpernetze zuordnen

Würfelnetze herstellen und erkennen

1 Stelle das Würfelnetz von Einstern her.
Überprüfe es, indem du es zu einem Würfel zusammenfaltest.

2 Stelle weitere Würfelnetze her. Überprüfe sie durch Falten.
Zeichne dann deine Würfelnetze in dein Heft.

Seite 33 Aufgabe 2
...

3 Betrachte die Zeichnungen. Kreuze die Würfelnetze an.

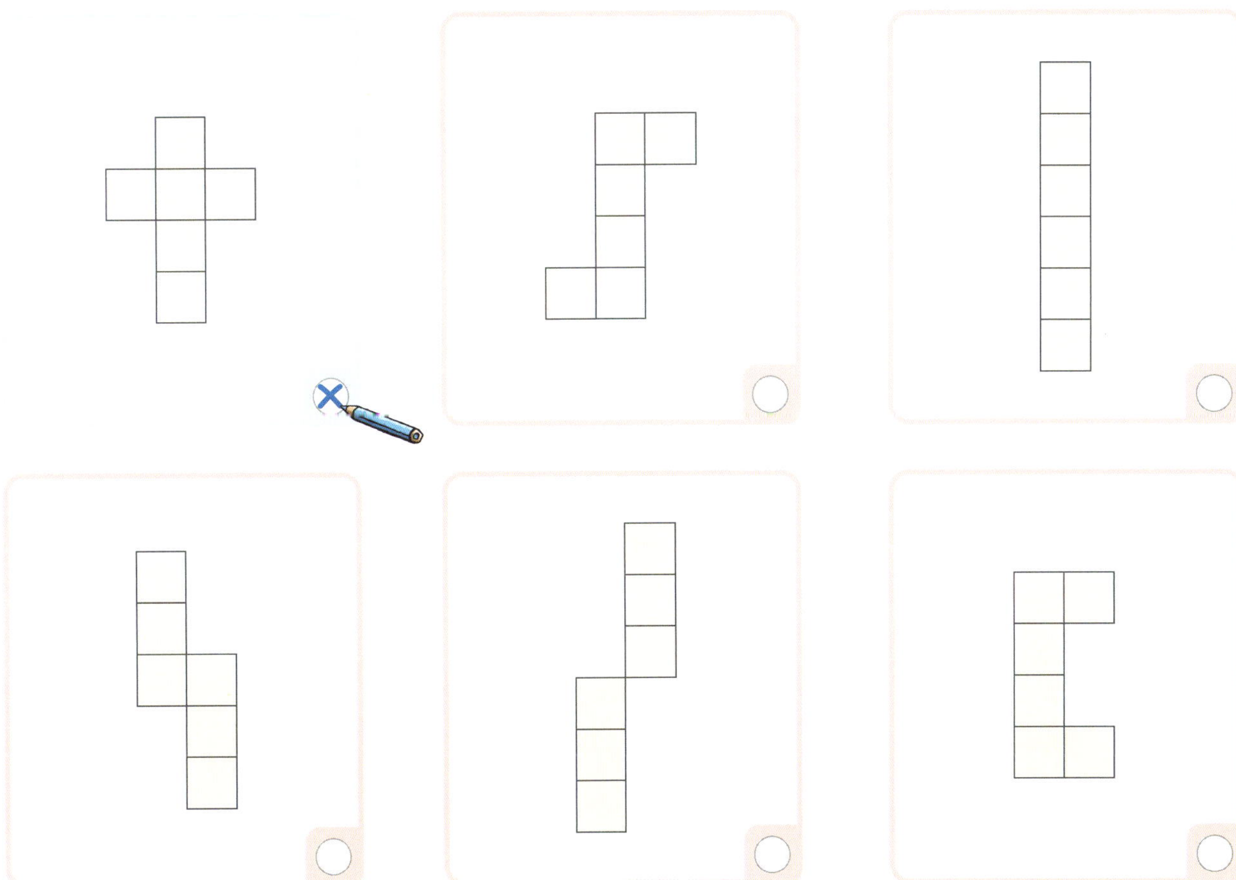

★ Würfelnetze herstellen
★ Würfelnetze identifizieren

1 Zeichne die angegebenen Flächen des oben abgebildeten Würfels mit der jeweils richtigen Augenzahl.

oben	vorn	links
unten	hinten	rechts

2 Kippe die Würfel in deiner Vorstellung.
Zeichne immer die Augenzahl auf, die dann oben zu sehen ist.
Du kannst es auch mit einem Würfel ausprobieren oder überprüfen.

a)  einmal nach links

b)  einmal nach links

c)  einmal nach rechts

d)  einmal nach hinten

e)  einmal nach hinten

f)  einmal nach vorn

D 40

★ Würfelbilder auf den Flächen eines Spielwürfels bestimmen ★ nach vorgegebenen Kippbewegungen in unterschiedliche Richtungen bei einem Spielwürfel passendes Würfelbild ermitteln und zeichnen

3 Knobelaufgaben zum Spielwürfel lösen

1 Trage in die beiden Netze die fehlenden Augenzahlen ein.

a) 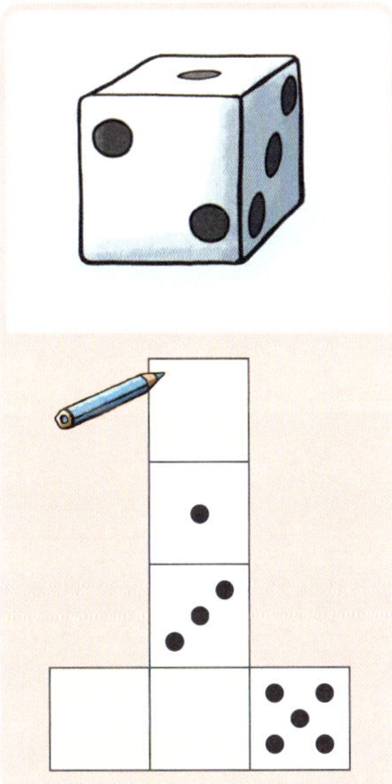

b) 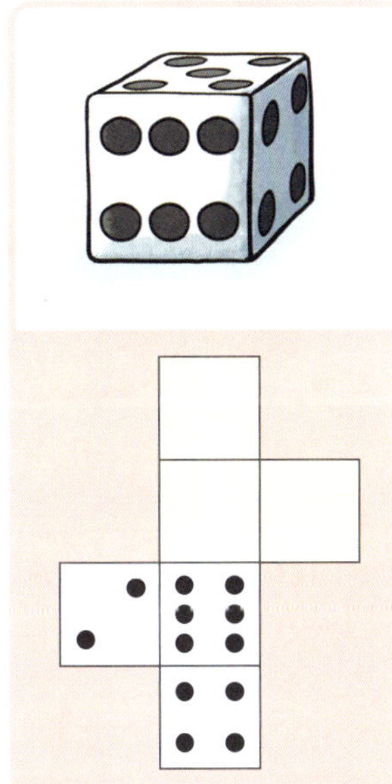

2 Ergänze die fehlenden Augenzahlen.
Beschreibe deine Vorgehensweise und das Ergebnis einem anderen Kind.
Als Hilfe kannst du die Netze herstellen und zu einem Würfel zusammenbauen.

a) 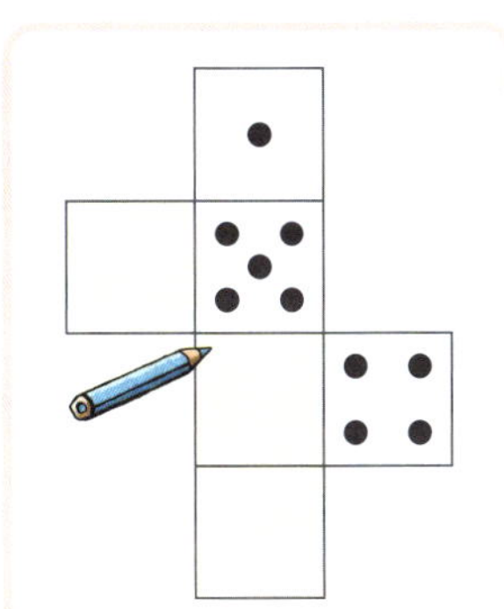

b) 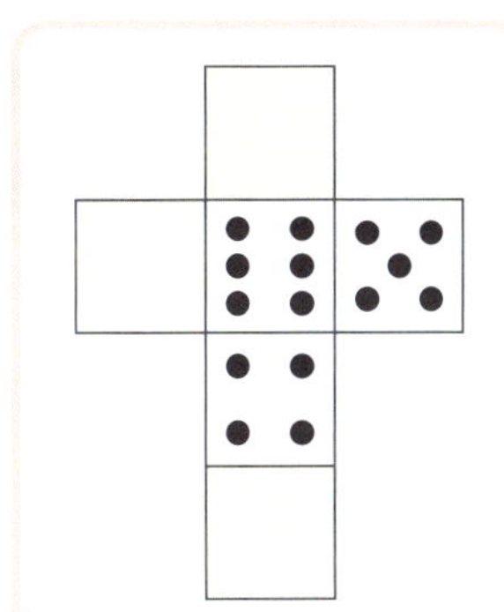

c) 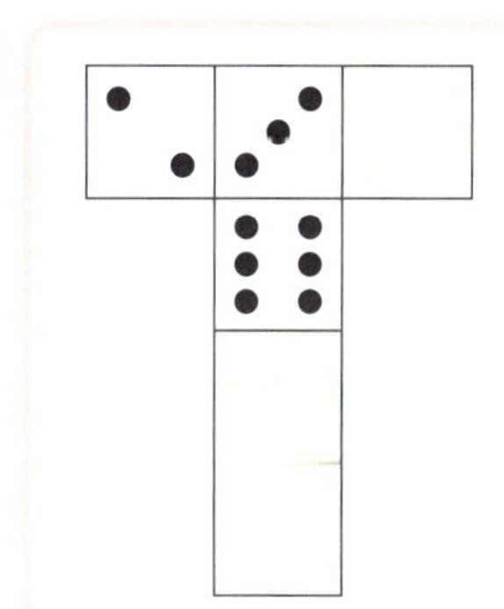

3 Ergänze jeweils die fehlende Fläche. Trage dann die passenden Augenzahlen ein.

a) 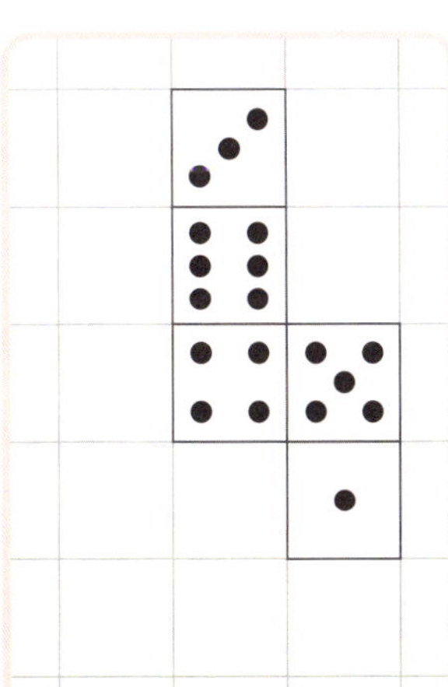

b) 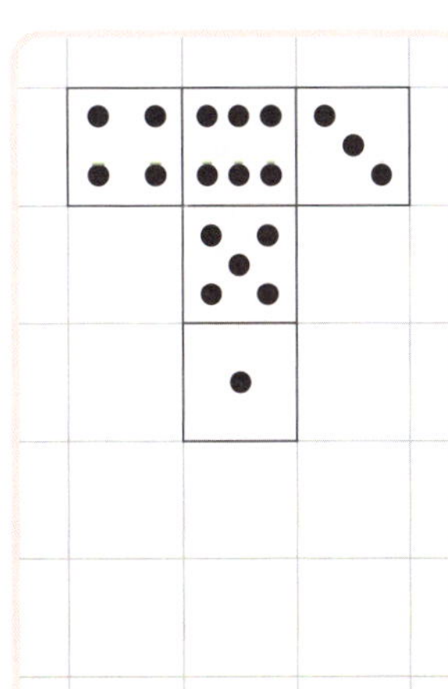

c) 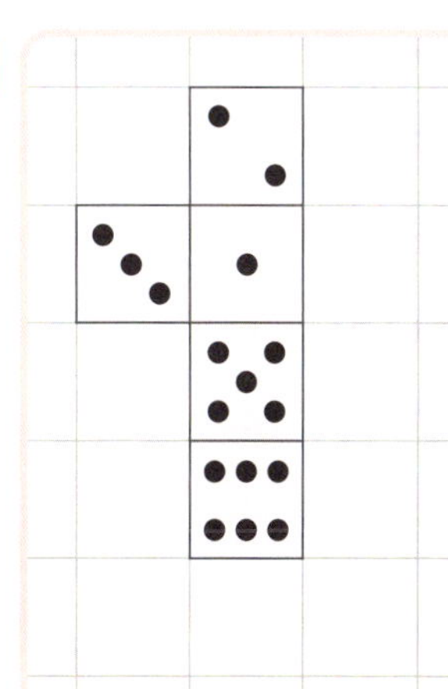

★ Augenzahlen im Netz eines Spielwürfels ergänzen
★ Netze eines Spielwürfels vervollständigen

Subtrahieren mit einer Stellenüberschreitung üben

Abziehen

	5	13
	~~6~~	~~3~~	8
–	2	7	6
	3	6	2

Ergänzen

		10	
	6	3	8
–	2	7	6
	1		
	3	6	2

1 Löse die Aufgaben und sprich dazu auf deine Art.
Kontrolliere die Ergebnisse.

a) 519 – 378

b) 548 – 329

c) 755 – 84

141 219 671

2 Schreibe die Zahlen richtig untereinander.
Löse die Aufgaben und sprich dazu auf deine Art.
Kontrolliere die Ergebnisse.

a) 638 – 276
  638
– 276

b) 747 – 219

c) 273 – 48

225 362 528

3 Berechne immer die Differenz der beiden Zahlen.

a) 785 492
  785
– 492

b) 913 452

c) 149 367

d) 249 798

★ SF: Subtraktionsaufgaben lösen und kontrollieren, richtige Sprechweise anwenden
★ Subtraktionsaufgaben stellengerecht notieren
★ Subtraktionsaufgaben bilden

4 Schriftliches Subtrahieren üben

1 Sortiere die Aufgaben nach ihren Stellenüberschreitungen.

a) Löse zuerst die Aufgaben.

789 − 357 = 432	506 − 274	931 − 564
694 − 356	800 − 376	637 − 514
537 − 379	459 − 236	761 − 423

b) Umkreise dann die Subtraktionsaufgaben in Aufgabe 1 a).

- Aufgaben ohne Stellenüberschreitung
- Aufgaben mit einer Stellenüberschreitung
- Aufgaben mit zwei Stellenüberschreitungen

2 Bilde vier Subtraktionsaufgaben aus diesen Zahlen.

284 352 507 710 903

★ Subtraktionsaufgaben nach Anzahl der Stellenüberschreitungen sortieren und lösen ★ Subtraktionsaufgaben bilden und lösen

ÜH 42

Verschiedene Rechenwege erproben

1 Untersucht die Rechenwege der Kinder.
Beschreibt, warum die unterschiedlichen Rechenwege jeweils zur Aufgabe passen.

2 Überlege, welchen Rechenweg du wählen würdest. Kreise ein oder ergänze.
Vergleiche mit einem anderen Kind. Begründe deine Wahl.

a) 876 – 430

876 – 430 ...
876 – 400 ...

876
– 430
...

Im Kopf:
876 – 400 – 30

b) 648 – 324

648 – 324 ...
648 – 300 ...

648
– 324
...

Im Kopf:
648 – 300 – 20 – 4

c) 599 – 225

Im Kopf:
600 – 226

599
– 225
...

Im Kopf:
600 – 225 – 1

★ SF: verschiedene Rechenwege und ihre Notation aufgabenbezogen nachvollziehen und beschreiben
★ eigenen Rechenweg identifizieren bzw. notieren

3 Erkläre einem anderen Kind, wie die Kinder rechnen.

Bei der Aufgabe 699 – 379 rechne ich 700 – 380.

Bei der Aufgabe 375 – 225 rechne ich 400 – 250.

4 Überlege, welche Aufgaben du im Kopf und welche du schriftlich rechnest.
Markiere: (blau) im Kopf, (grün) schriftlich.
Begründe und vergleiche mit einem anderen Kind.

598 – 208 = ▢ | 760 – 520 = ▢ | 675 – 338 = ▢ | 849 – 299 = ▢

5 Löse die Aufgaben. Wenn du die Aufgabe im Kopf löst, schreibe nur das Ergebnis in dein Heft. Löse die anderen Aufgaben schriftlich.

a) 395 – 145 = ▢
865 – 478 = ▢
753 – 503 = ▢

b) 976 – 560 = ▢
411 – 105 = ▢
638 – 399 = ▢

Seite 39 Aufgabe 5
a) ...

6 Löse die Zahlenrätsel.

a) Rechne im Kopf. Schreibe das Ergebnis auf.

Meine Zahl ist die Differenz von 980 und 360.

Meine Zahl ist um 350 kleiner als 760.

Seite 39 Aufgabe 6
a) Ole: ...
...
b) ...

b) Rechne schriftlich.

Meine Zahl erhältst du, wenn du 458 von 736 subtrahierst.

Meine Zahl erhältst du, wenn du die Differenz von 348 und 276 bildest.

★ SF: verschiedene Rechenwege nachvollziehen und beschreiben
★ im Kopf oder schriftlich subtrahieren, geeigneten Weg wählen und die Wahl begründen ★ Zahlenrätsel lösen

4 Rechnungen überprüfen

1 Löse die Aufgaben.
Überprüfe deine Ergebnisse wie Tim mit der Umkehraufgabe.

a)
```
  6 7 2
− 4 5 8        +
```

b)
```
  4 0 5
− 2 7 8        +
```

c)
```
  9 0 0
− 4 5 8        +
```

d)
```
  8 2 5
− 6 5 8        +
```

2 Löse die Aufgaben.
Schreibe wie Lea die Überschlagsrechnung (Ü) dazu.
Überprüfe zusätzlich wie Lisa die Endziffer (EZ).

a)
```
  5 9 1
− 2 6 8
```
Ü:
EZ:

b)
```
  4 3 6
− 2 5 7
```
Ü:
EZ:

★ Subtraktionsaufgaben mithilfe der Umkehraufgabe, Endziffer und Überschlagsrechnung kontrollieren

1 Löse zuerst die Subtraktionsaufgabe.
Finde die passende Umkehraufgabe.
Kreise zusammengehörige Kärtchen in der gleichen Farbe ein.

532 − 358	905 − 867	987 − 498

489 + 498 = 987	174 + 358 = 532	38 + 867 = 905

2 Verbinde jede schriftliche Rechnung mit der passenden Überschlagsrechnung.
Löse die Aufgaben.

a)

482 − 356	795 − 478	926 − 413

Ü: 800 – 480 = 320 Ü: 930 – 410 = 520 Ü: 480 – 360 = 120

b)

326 − 219	834 − 453	968 − 576

Ü: 830 – 450 = 380 Ü: 330 – 220 = 110 Ü: 970 – 580 = 390

⭑ Aufgaben zur schriftlichen Subtraktion lösen und Umkehraufgaben passend zuordnen ⭑ Subtraktionsaufgaben und Überschlagsrechnungen einander zuordnen, Subtraktionsaufgaben lösen

1 Überprüfe jedes Ergebnis mit der Umkehraufgabe.
Schreibe zu jeder Aufgabe auf, ob das Ergebnis richtig (✓) oder falsch (*f*) ist.
Wenn das Ergebnis falsch ist, korrigiere es.

a)

948	459	948
− 379	+ 379 (Übertrag: 1 1)	− 379
459 *f*	838	

536
− 273
363

612
− 74
538

731
− 575
266

b)

286
+ 395
571

473
+ 137
610

237
+ 354
581

731
+ 185
546

2 Gib jeweils an, welcher Fehler gemacht wurde. Verbinde passend.

583	643	853	924
− 257	− 274	− 68	− 762
336	917	173	161

Addition statt Subtraktion

Stellenüberschreitung vergessen

Fehler beim Subtrahieren

Zahlen falsch untereinander geschrieben

ÜH 44

★ Ergebnisse bei Aufgaben zur schriftlichen Subtraktion und Addition mithilfe der Umkehraufgabe kontrollieren und ggf. korrigieren
★ Fehlerquellen analysieren

1 Erkläre einem anderen Kind, was das Besondere der IRI-Zahlen ist.

2 Schreibe alle IRI-Zahlen auf. Überlege dir, wie du vorgehen kannst, damit du keine Zahl vergisst.

Seite 43 Aufgabe 2
…

3 Subtrahiere mit IRI-Zahlen.

a Notiere fünf Subtraktionsaufgaben mit IRI-Zahlen und löse sie.

b Besprich mit einem anderen Kind, was dir auffällt.

Seite 43 Aufgabe 3
a) …

4 Löse die Aufgabenreihen und setze sie fort.

a

212	323	434	545
– 121	– 232	– 343	–

b

313	424	535	
– 131	– 242	–	–

c

414	525		
– 141	–	–	–

⋆ **SF:** IRI-Zahlen kennenlernen und beschreiben ⋆ **SF:** Subtraktionsaufgaben aus IRI-Zahlen bilden, Besonderheiten erkennen und beschreiben ⋆ **MK:** Aufgabenreihen mit IRI-Zahlen lösen und fortsetzen, dabei Strukturen erkennen und nutzen

1 Betrachte die Tabelle zu den Schulkindern in Rotfelden.
Finde zu jeder Frage (F) eine passende Rechnung (R).
Ergänze die Antwort (A).

Schule Rotfelden				
Schuljahr	1	2	3	4
Jungen	29	25	26	27
Mädchen	26	28	22	29
insgesamt	55	53	48	56

a) F: Wie viele Kinder gehen insgesamt in die 1. und 2. Klasse? Und wie viele Kinder gehen in die 3. und 4. Klasse?

R: 1. und 2. Klasse   3. und 4. Klasse

A: In die 1. und 2. Klasse gehen ____ Kinder.
In die 3. und 4. Klasse gehen ____ Kinder.

b) F: Wie groß ist die Differenz der Schulkinderzahlen in den beiden Gruppen?

R:

A: In die 1. und 2. Klasse gehen insgesamt ____ Kinder mehr als in die 3. und 4. Klasse.

2 Stelle die Anzahl der Schulkinder in Rotfelden je Klassenstufe in einem Schaubild dar.

 = 10 Kinder
I = 1 Kind

Rotfelden	
Schuljahr	Schulkinder
1	 IIIII
2	
3	
4	

* MK: Informationen aus einer Tabelle aufgabenbezogen entnehmen
* passende Rechnungen finden und Antwortsätze ergänzen
* Anzahl der Schulkinder in einem Schaubild darstellen

1 Finde zu jeder Rechengeschichte (G) und Frage (F) eine passende Rechnung (R). Ergänze die Antwort (A).

a) G: Tobi steigt auf einen Turm, der 387 Stufen hat. 178 Stufen hat er geschafft.

F: Wie viele Stufen hat Tobi noch vor sich?

R:

$$\begin{array}{r} 387 \\ -\ 178 \\ \hline \end{array}$$

A: Tobi hat noch ☐ Stufen vor sich.

b) G: Für den neuen Weg zu den Fahrradständern werden 480 Betonsteine benötigt. 198 der Steine sind schwarz. Die restlichen Steine sind grau.

F: Wie viele graue Steine werden benötigt?

R:

A: Es werden ☐ graue Steine benötigt.

c) G: Die Kinder der Klasse 3b haben insgesamt 432 Sticker gesammelt. 159 davon sind Glitzersticker.

F: Wie viele sonstige Sticker haben die Kinder gesammelt?

R:

A: Die Klasse 3b hat ☐ sonstige Sticker gesammelt.

d) G: Im Zoo wurden am Sonntag insgesamt 775 Gäste ohne Dauerkarte gezählt. 352 dieser Eintrittskarten wurden für Erwachsene verkauft.

F: Wie viele dieser Eintrittskarten wurden für Kinder verkauft?

R:

A: Für Kinder wurden ☐ Eintrittskarten verkauft.

5 Längenangaben finden und verstehen

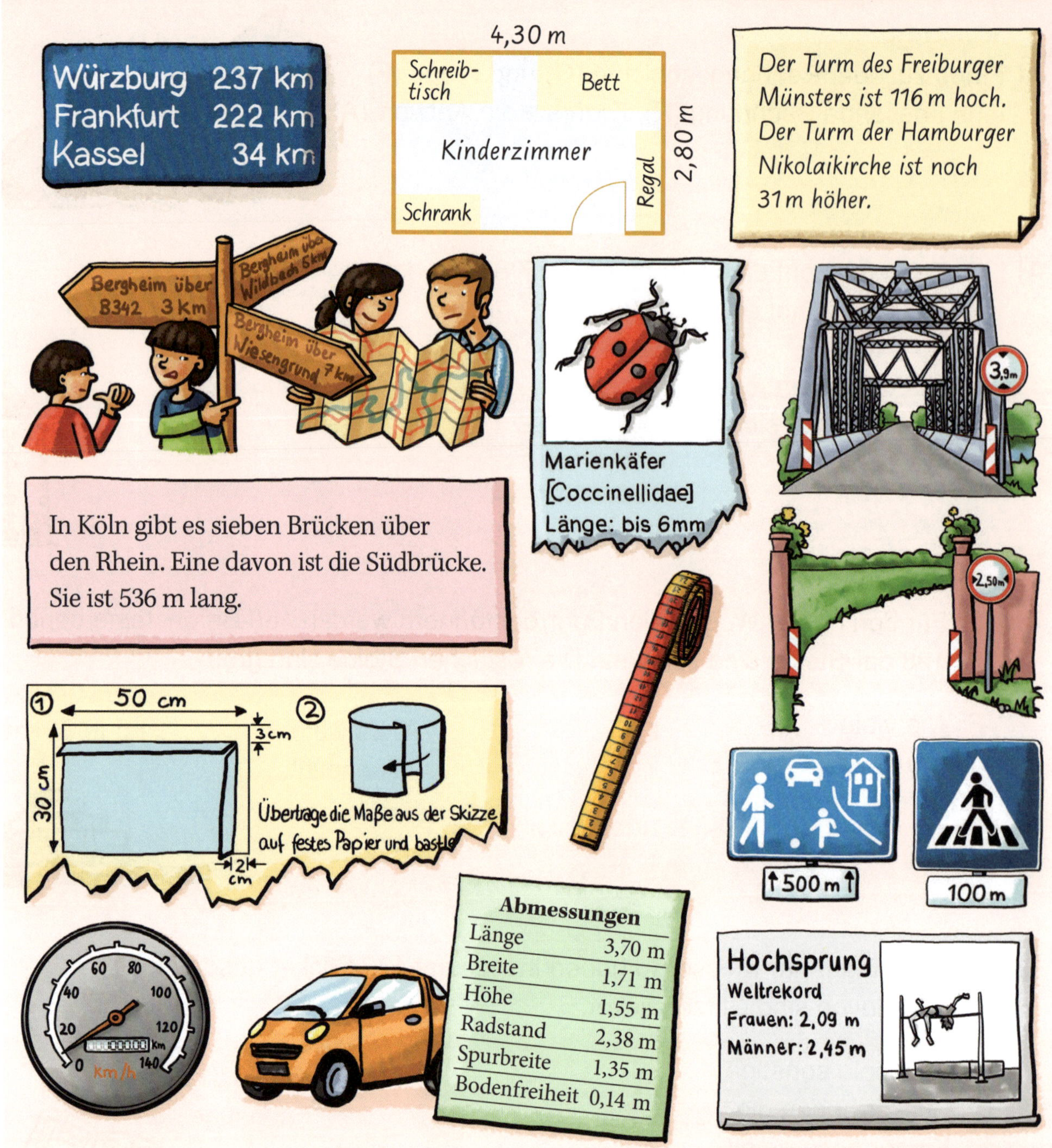

1 Besprich mit einem anderen Kind, was die Zahlenangaben und Abkürzungen bedeuten.

2 Suche Längenangaben.

a) Suche in deiner Umgebung, in Zeitungen, Prospekten und im Internet weitere Abbildungen mit Längenangaben. Du kannst diese auch fotografieren.

b) Zeichne oder klebe die Bilder in dein Heft. Du kannst auch mit anderen Kindern ein Plakat gestalten.

⋆ **SF:** Längenangaben in Abbildungen aus dem Alltag beschreiben und verstehen
⋆ **MK:** in der eigenen Umgebung, in Zeitungen, Prospekten und im Internet Längenangaben sammeln, ausschneiden, zeichnen oder fotografieren und dokumentieren

Längenmaße verstehen

Meist messen wir mit genormten Maßen. Seit 1875 ist die Grundeinheit unserer Längenmaße der Meter (m). Er wird in Zentimeter (cm), Dezimeter (dm) und Millimeter (mm) eingeteilt.

Eintausend Meter ergeben einen Kilometer (1 km).

1 m = 100 cm
1 m = 10 dm
1 dm = 10 cm
1 cm = 10 mm
1 m = 1 000 mm

1 km = 1 000 m

1 Überlege gemeinsam mit einem anderen Kind, warum genormte Maßeinheiten festgelegt wurden.

2 Miss die Längen ...

a) ... mit deinen Körpermaßen.
Trage deine Messergebnisse in die blaue Spalte der Tabelle ein.

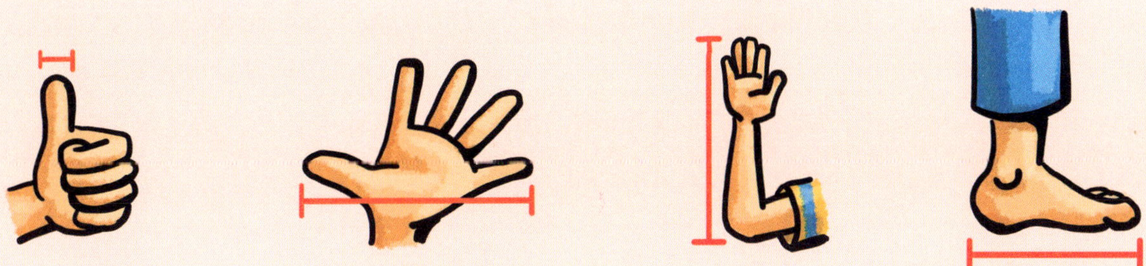

b) ... in Meter (m) und Zentimeter (cm).
Trage deine Messergebnisse in die gelbe Spalte der Tabelle ein.

	Körpermaße	genormte Maße
Tischbreite	Daumenbreiten	
Tischlänge	Handspannen	
Tafelbreite	Ellen	
Klassenzimmerbreite	Fußlängen	

3 Besprich deine Ergebnisse in den Aufgaben 2 a) und 2 b) mit einem anderen Kind.

a) Was stellt ihr fest?

b) Begründet, warum genormte Maßeinheiten notwendig sind.

* genormte Längenmaße wiederholen und kennenlernen
* Begründungen für die Notwendigkeit genormter Längenmaße finden
* mit Körpermaßen und Messinstrumenten in den Einheiten m und cm messen

5 Längenangaben in Meter und Zentimeter unterschiedlich schreiben

1 Die Kinder haben ihre Körpergrößen gemessen.
Notiere sie auf drei Arten.

	m	10 cm	1 cm	
Sofie	1	3	5	*135 cm = 1 m 35 cm = 1,35 m*
Paul	1	2	6	
Lisa	1	2	9	
Lena	1	2	1	
Patrick	1	4	2	

2 Wandle um.

a) Schreibe in m und cm.

1,06 m = *1 m 6 cm*
3,84 m = ______
21,35 m = ______

b) Schreibe in m.

4 m 80 cm = *4,80 m*
8 m 27 cm = ______
27 m 4 cm = ______

c) Schreibe in cm.

1,36 m = *136 cm*
9,51 m = ______
3,08 m = ______

3 Wandle um. Ergänze die Tabelle.

5 m 8 cm		7 m 80 cm	4 m 68 cm	1 m 2 cm
5,08 m	1,71 m		4,68 m	
508 cm	171 cm	780 cm		102 cm

* unterschiedliche Schreibweisen bei Längenangaben in m und cm kennenlernen
* SF: Sprechweise bei Längenangaben in Kommaschreibweise kennenlernen
* Längenangaben in m und cm umwandeln

1 Vergleiche die Längenangaben. Setze die Zeichen <, > oder = passend ein.

a) 4 m 9 cm < 9 m 4 cm
3 m 50 cm ◯ 3 m 5 cm
6 m 6 cm ◯ 6 m 6 cm

b) 2 m 30 cm ◯ 3,20 m
6 m 10 cm ◯ 6,01 m
8 m 30 cm ◯ 8,83 m

c) 5 m 10 cm ◯ 501 cm
9 m 45 cm ◯ 945 cm
8 m 4 cm ◯ 840 cm

d) 1,32 m ◯ 231 cm
6,05 m ◯ 650 cm
9,85 m ◯ 985 cm

2 Schreibe die Längenangaben der Größe nach geordnet auf.

a) Beginne mit der kleinsten Länge.

3 m 5 cm | ~~35 cm~~ | 530 cm | 3,50 m

35 cm < ______

b) Beginne mit der größten Länge.

7,02 m | 72 cm | ~~7 m 20 cm~~ | 207 cm

7 m 20 cm > ______

3 Löse die Aufgaben.

a) 2 m 30 cm + 4 m 50 cm = 6 m 80 cm
5 m 50 cm + 6 m 25 cm = ______
4 m 15 cm + 3 m 40 cm = ______

b) 1,50 m + 2,30 m = ______
7,15 m + 1,75 m = ______
6,20 m + 3,17 m = ______

c) 8 m 70 cm – 2 m 30 cm = 6 m 40 cm
9 m 95 cm – 4 m 20 cm = ______
8 m 30 cm – 5 m 15 cm = ______

d) 7,80 m – 3,50 m = ______
6,85 m – 1,30 m = ______
9,40 m – 2,05 m = ______

★ Längenangaben in m und cm in unterschiedlicher Schreibweise vergleichen und ordnen ★ mit Längenangaben in m und cm, auch in Kommaschreibweise, rechnen

1 Die Kinder erzielten beim Weitsprung folgende Ergebnisse.
Notiere sie auf drei Arten.

	m	10 cm	1 cm	
Mai-Lin	2	9	8	2 m 98 cm = 2,98 m = 298 cm
Patrick	2	9	5	
Ole	3	0	7	
Lea	3	0	4	

2 Vergleiche die Weiten, die die Kinder aus Aufgabe **1** gesprungen sind. Nummeriere.

☐

☐

1

☐

3 Betrachte die Aussagen der Kinder und die Tabelle aus Aufgabe **1**.
Ermittle, wie weit die Kinder gesprungen sind.

Ich bin 8 cm weiter gesprungen als Ole.

307 cm (+) 8 cm = 315 cm

Patrick ist 5 cm weiter gesprungen als ich.

295 cm ◯ ☐ = ☐

Mein Sprung war 13 cm kürzer als der von Mai-Lin.

298 cm ◯ ☐ = ☐

Ich bin 21 cm weiter gesprungen als Lea.

304 cm ◯ ☐ = ☐

* Längenangaben in m und cm umwandeln, sie vergleichen und ordnen
* mit Längenangaben in m und cm in Sachsituation rechnen

1 Ordne jeder Aufgabe (A) eine Skizze (S) und eine Rechnung (R) passend zu.
Male die Kästchen jeweils in der gleichen Farbe aus.

Patrick ist 1,42 m groß. Wenn Mai-Lin sich auf eine 18 cm hohe Treppenstufe stellt, ist sie genauso groß. Wie groß ist Mai-Lin?

Ole und sein kleiner Bruder sind zusammen so groß wie der Vater. Der Vater ist 1,87 m groß und der kleine Bruder 52 cm.

Lisa ist 22 cm kleiner als ihre große Schwester Emma. Emma ist 1,51 m groß. Wie groß ist Lisa?

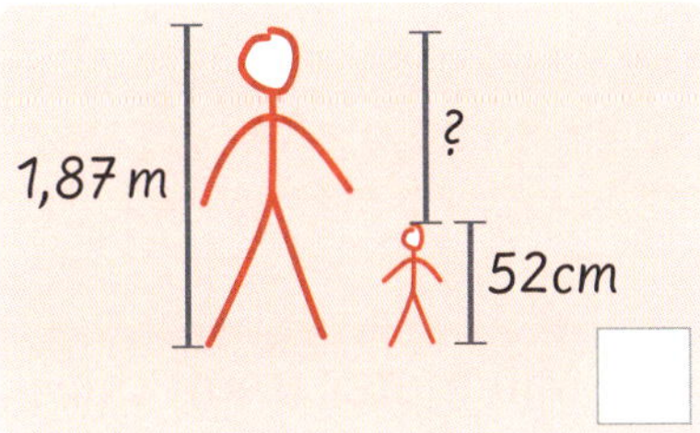

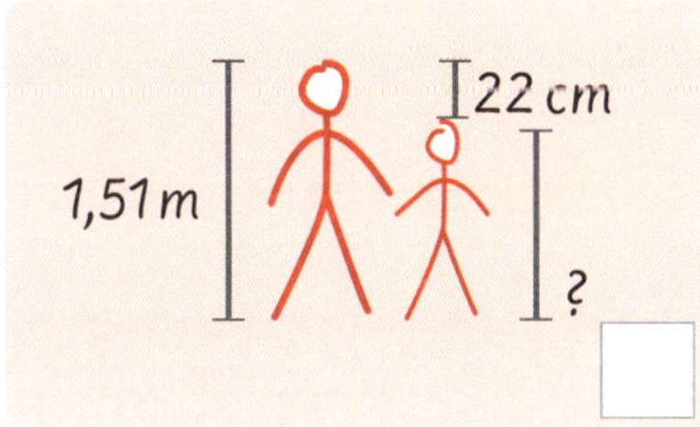

1,51 m – 22 cm = 1,29 m

1,87 m – 52 cm = 1,35 m

1,42 m – 18 cm = 1,24 m

2 Stelle fest, wie groß die Kinder sind.
Zeichne selbst eine Skizze (S) und schreibe eine Rechnung (R) dazu.

Meine Schwester ist 12 cm größer als ich. Sie ist 1,45 m groß.

S:

R:

Meine Schwester und ich sind zusammen so groß wie mein Vater. Mein Vater ist 1,89 m groß. Meine Schwester ist 63 cm groß.

S:

R:

- Aufgaben, Skizzen und Rechnungen zuordnen
- Aufgaben mithilfe von Skizzen lösen
- mit Längenangaben in Kommaschreibweise in Sachsituationen rechnen

5 Die Maßeinheit Millimeter kennenlernen

Um genau zu messen, ist die Längeneinheit Zentimeter manchmal zu groß.

Man benötigt die kleinere Einheit Millimeter (mm).

10 Millimeter (mm) sind so lang wie ein Zentimeter (cm).

10 mm	=	1 cm
1 cm	=	10 mm

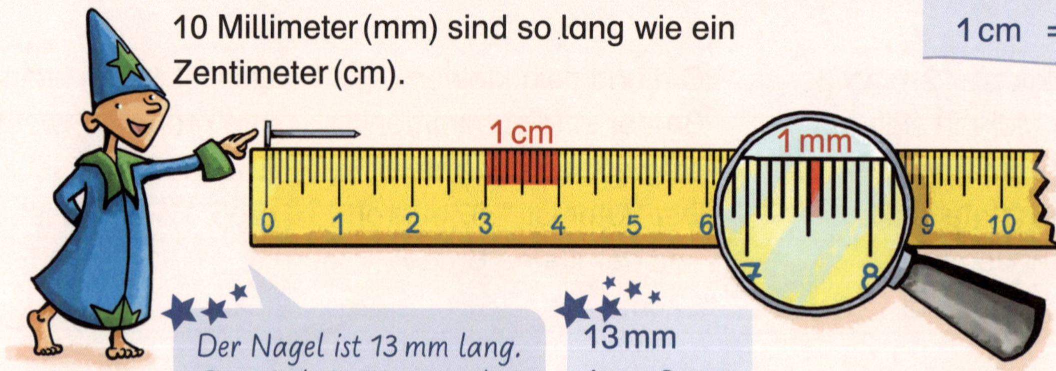

Der Nagel ist 13 mm lang. Das sind eins Komma drei Zentimeter.

13 mm
1 cm 3 mm
1,3 cm

1 Miss die Längen der Nägel mit dem Lineal. Schreibe sie in Millimeter (mm) auf.

a)  10 mm

b) 

c) 

d) 

2 Miss die Körperlängen folgender, in Originalgröße abgebildeter Tiere.
Notiere deine Ergebnisse. Zeichne die Längen der Tiere darunter.

a) 

Raupe des Kleinen Fuchses

21 mm = 2 cm 1 mm

b) 

Libelle

c) 

Wespe

d) 

Grünes Heupferd

★ SF: die Maßeinheit mm sowie unterschiedliche Schreib- und Sprechweisen bei Längenangaben in cm und mm kennenlernen ★ Längen in mm sowie cm messen ★ Strecken mit vorgegebener Länge in cm und mm zeichnen

Streckenlängen schätzen, messen und zeichnen

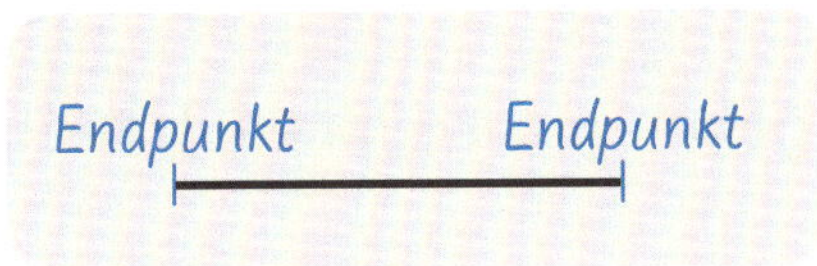

1 Miss die Längen der Strecken mit dem Lineal und schreibe sie auf.

a) 1 cm 4 mm = 1,4 cm

b)

c)

d)

e) Suche dir ein anderes Kind. Vergleicht eure Ergebnisse. Wenn ihr unterschiedliche Ergebnisse habt, messt neu.

2 Zeichne Strecken mit folgenden Längen.

a) 22 mm

b) 5 mm

c) 1,7 cm

d) 4,1 cm

e) Bitte ein anderes Kind, deine Zeichnungen zu prüfen.

3 Schätze zuerst die Längen der Strecken.
Miss dann mit dem Lineal genau nach. Notiere deine Ergebnisse in der Tabelle.

	a	b	c
geschätzt			
gemessen			

★ Länge von Strecken in cm und mm messen
★ Strecken mit vorgegebener Länge in mm und cm zeichnen
★ Länge von Strecken schätzen und Schätzung durch Messen prüfen

ÜH 46

1 Miss die Längen der Strecken. Immer vier Kärtchen gehören zusammen. Umrande.

2 cm 8 mm	19 mm	7 cm 4 mm
74 mm	2,8 cm	9,7 cm
1,9 cm	9 cm 7 mm	97 mm
7,4 cm	28 mm	1 cm 9 mm

2 Wandle um.

a) Schreibe in mm.

1 cm 6 mm = *16 mm*
3 cm 1 mm = ______
8 cm 9 mm = ______

b) Schreibe in cm und mm.

24 mm = *2 cm 4 mm*
51 mm = ______
93 mm = ______

c) Schreibe in cm.

31 mm = *3,1 cm*
5 mm = ______
87 mm = ______

3 Wandle um. Ergänze die Tabelle.

5 cm 6 mm		1 cm 1 mm	4 cm 8 mm	6 cm 7 mm
5,6 cm	7,1 cm		4,8 cm	6,7 cm
56 mm	71 mm	11 mm		

★ Länge von Strecken in cm und mm messen, Längenangaben passend zuordnen
★ Längenangaben in cm und mm umwandeln

4 Vergleiche die Längenangaben. Setze die Zeichen <, > oder = passend ein.

a) 5 cm 9 mm < 9 cm 5 mm
8 cm 5 mm ◯ 8 cm 2 mm
6 cm 8 mm ◯ 7 cm 8 mm

b) 2 cm 3 mm ◯ 3,2 cm
6 cm 1 mm ◯ 5,1 cm
8 cm 3 mm ◯ 8,3 cm

c) 2 cm 7 mm ◯ 27 mm
1 cm 1 mm ◯ 8 mm
8 cm 3 mm ◯ 38 mm

d) 19 mm ◯ 1,6 cm
28 mm ◯ 8,2 cm
53 mm ◯ 5,3 cm

5 Schreibe die Längenangaben der Größe nach geordnet auf.

a) Beginne mit der kleinsten Länge.

37 mm | ~~3 cm 5 mm~~ | 53 mm | 5,7 cm

3 cm 5 mm < ______

b) Beginne mit der größten Länge.

4,2 cm | 2 cm 4 mm | 28 mm | ~~8 cm 4 mm~~

8 cm 4 mm > ______

6 Löse die Aufgaben.

a) 2 cm 6 mm + 4 cm 2 mm = *6 cm 8 mm*
6 cm 1 mm + 3 cm 4 mm = ______
5 cm 4 mm + 5 cm 3 mm = ______

b) 9 cm 7 mm – 4 cm 2 mm = ______
7 cm 9 mm – 3 cm 1 mm = ______
15 cm 8 mm – 7 cm 6 mm = ______

5 Die Maßeinheit Kilometer kennenlernen

Große Entfernungen misst man in Kilometer (km).

Um 1 km zu Fuß zurückzulegen, benötigst du ungefähr 15 Minuten. Das sind etwa 2 000 Kinderschritte.
Um 1 km mit dem Fahrrad zu fahren, benötigst du ungefähr vier Minuten.

1 km ist etwa 10-mal so lang wie ein Fußballfeld.
1 km ist so lang wie 40 Bahnen im Schwimmbad.

1 Kilometer = 1000 Meter
1 km = 1000 m

1 Beantworte die Fragen.

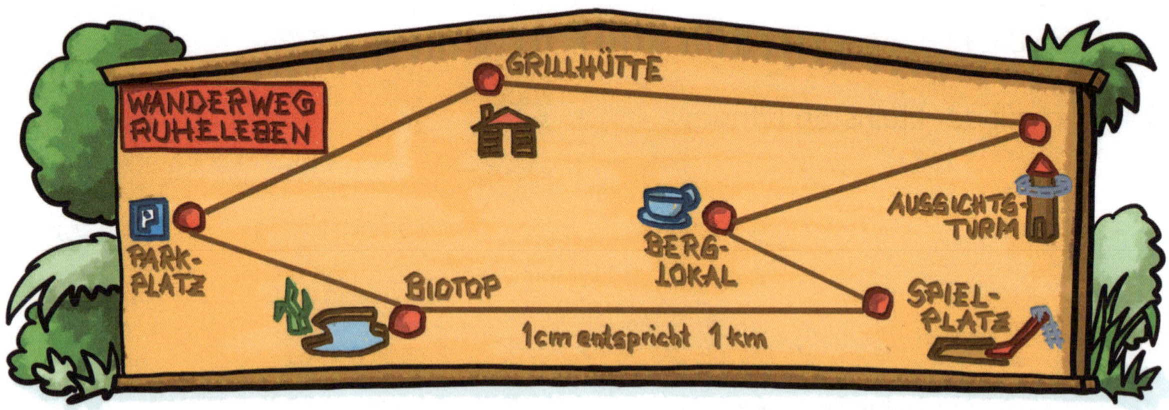

a) Welche ist die kürzeste Teilstrecke des Wanderweges? ____________________

____

b) Wie lang ist die längste Teilstrecke des Wanderweges? ☐ km

c) Wie lang ist der Weg vom Aussichtsturm zum Berglokal? ☐ km

d) Wie lang ist der Weg zwischen Biotop und Berglokal? ☐ km

e) Wie lang ist der kürzere Weg vom Parkplatz bis zum Aussichtsturm? ☐ km

f) Wo steht folgender Wegweiser? 

____

2 Ergänze die Sätze.

a) Meral legt in 15 Minuten ungefähr eine Strecke von __________ zurück.

b) Für 2 km benötigt sie ______________________________ .

* die Maßeinheit km kennenlernen * Vergleichsgrößen zu „1 km" kennenlernen
* MK: einer Wanderkarte aufgabenbezogen Informationen entnehmen
* Wanderzeit und Entfernung zueinander in Beziehung setzen

Eine Bodensee-Radrundfahrt planen

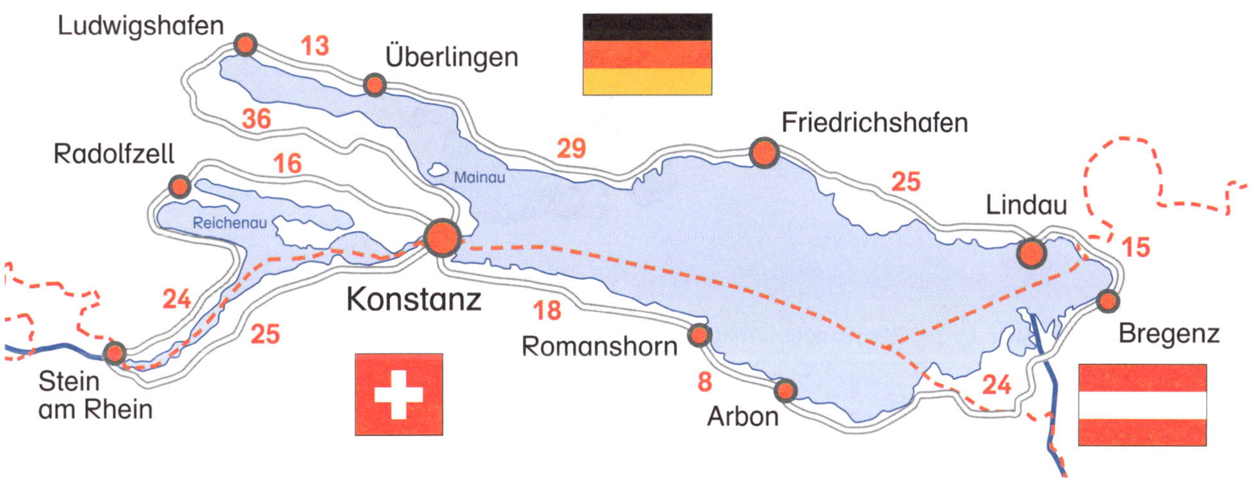

1 Ole macht mit seiner Schwester Mia und den Eltern eine Radrundfahrt um den Bodensee.

a) Schreibt auf, durch welche Länder sie fahren.

b) Berechnet wie viele Kilometer sie fahren, wenn sie den ganzen See umrunden.

c) Sie überlegen, die Fähre von Romanshorn nach Lindau zu nehmen, statt über Arbon und Bregenz zu fahren. Wie viele Kilometer legen sie dadurch weniger mit dem Fahrrad zurück?

Seite 57 Aufgabe 1
a) ...

2 Erstellt einen Routenplan für eine 6-Tage-Tour. Die Fahrradtour soll in Überlingen starten und enden. Die Tagesstrecken sollen höchstens 50 km lang sein.

Seite 57 Aufgabe 2
...

Überlingen $\xrightarrow[\text{1. Tag}]{\text{49 km}}$ *Konstanz* $\xrightarrow[\text{2. Tag}]{\text{... km}}$ *...*

Schreibt so auf.

3 Im Internet, bei Tourismusinformationen oder Reisebüros gibt es fertige Tourenvorschläge. Vergleicht diese mit eurer Planung.

★ **MK:** einer Karte relevante Informationen entnehmen
★ Routenplan zusammenstellen
★ **MK:** Touren- und Routenvorschläge mit der eigenen Planung vergleichen

1 Ordne immer die passende Längenangabe zu. Kreuze an.

a)

Länge eines Füllers	○ 13 mm	☒ 13 cm	○ 13 dm
Breite eines Radiergummis	○ 19 mm	○ 19 cm	○ 19 dm
Strecke zu Fuß in einer Stunde	○ 4 dm	○ 4 m	○ 4 km

b)

Höhe einer großen Eiche	○ 2 m	○ 20 m	○ 200 m
Länge eines Textmarkers	○ 1 dm	○ 2 dm	○ 4 dm
Länge eines Lastwagens	○ 50 m	○ 5 m	○ 12 m

2 Sammle Längenangaben von verschiedenen Gegenständen und gestalte Karten für ein Quiz. Du kannst selbst Gegenstände messen, Längenangaben in einem Lexikon und im Internet suchen oder hier im Heft nachschauen.
Spiele zusammen mit anderen Kindern.

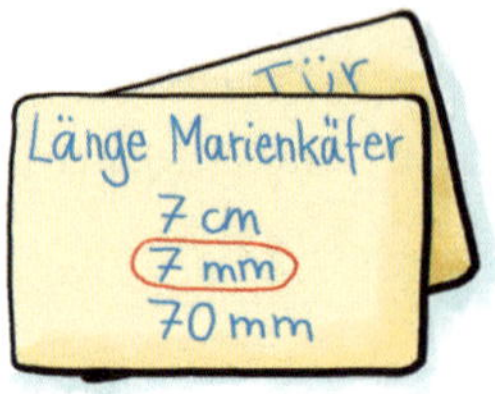

3 Ordne die Beispiele folgenden Längenangaben zu. Verbinde.

Daumenbreite — Bleistiftspitze — Strecke in 15 Minuten zu Fuß

1 mm — 1 cm — 1 dm — 1 m — 100 m — 1 km

Tafellineal — Länge eines Klebestiftes — Länge des Fußballplatzes

★ Angaben aus dem Lebensumfeld passende Längenangaben und Maßeinheiten zuordnen
★ vorgegebenen Längenangaben in den Einheiten km, m, dm, cm und mm passende Repräsentanten zuordnen

Mit Längenangaben in unterschiedlichen Einheiten umgehen

1 Miss die Strecken. Schreibe dein Ergebnis in der vorgegebenen Einheit auf.

a) ___ mm

b) ___ cm

c) ___ cm ___ mm

d) ___ cm

e) ___ mm

2 Zeichne Strecken mit folgenden Längen.

a) 3 mm

b) 3 cm

c) 2 cm 5 mm

3 Entscheide, ob die Aussagen richtig oder falsch sind.

	stimmt	stimmt nicht
Leas Vater ist 1,40 m groß.	○	☒
Ein Auto ist 4,40 m lang.	○	○
Eine Fliege ist 7 mm lang.	○	○
Tims Schulweg ist 200 km lang.	○	○
Ein langes Lineal hat eine Länge von 30 cm.	○	○

4 Setze km, m, dm, cm oder mm passend ein.

a) Der Schreibtisch ist 1 _m_ 20 _cm_ lang.

b) Bei einer 3-stündigen Wanderung kann man eine Strecke von 12 ___ zurücklegen.

c) Lisas Lieblingsbuch ist 12 ___ dick.

d) Tims Schuhe sind 21 ___ lang.

e) Sofies weitester Sprung war 2,75 ___ weit.

f) Die zusammengeklappte Tafel ist 20 ___ breit.

★ Strecken in cm und mm messen und zeichnen
★ Aussagen auf Plausibilität prüfen
★ Angaben aus dem Lebensumfeld passende Maßeinheiten zuordnen

1 Ergänze.

a) Ergänze auf volle Zentimeter.

1 cm	
3 mm	7 mm
5 mm	
1 mm	

1 cm	
0,5 cm	
0,4 cm	
0,2 cm	

b) Ergänze auf volle Meter.

1 m	
50 cm	
32 cm	
81 cm	

1 m	
0,50 m	
0,30 m	
0,26 m	

c) Ergänze auf volle Kilometer.

1 km	
500 m	
50 m	
995 m	

2 Löse die Aufgaben.
Beachte: Vor dem Rechnen musst du unterschiedliche Längeneinheiten zuerst im Kopf in die gleiche Einheit umwandeln.

a) 6,40 m + 2 m 30 cm = ____

b) 1 m 70 cm + 610 cm = ____

c) 9,80 m – 4 m 20 cm = ____

d) 7 m 50 cm – 240 cm = ____

e) 6 cm + 27 mm = ____

f) 4 cm 2 mm + 14 mm = ____

g) 7 cm – 8 mm = ____

h) 9 cm 5 mm – 23 mm = ____

★ Längenangaben auf volle cm, m und km ergänzen
★ mit Längenangaben rechnen, dabei zunächst in die gleiche Einheit umwandeln

Eine Skizze ist eine Zeichnung, die dir beim Lösen von Aufgaben helfen kann. Sie muss in ihren Maßen nicht der Wirklichkeit entsprechen.

1 Zeichne eine Skizze (S) und löse die Aufgabe.

Seite 61 Aufgabe 1
S: ...
⋮

G: Anna Anderson hat ein rechteckiges Grundstück.
Es ist 30 m lang und 18 m breit.
Sie plant für das Grundstück einen neuen Zaun.
Im Abstand von 6 m sollen die Pfosten des Zaunes gesetzt werden.

F: Wie viele Pfosten benötigt sie?
Wie viel Meter Zaun muss sie kaufen?

Gehe Schritt für Schritt so vor:

1) Zeichne als Skizze die grobe Form des Grundstücks.

2) Beschrifte die Skizze mit den Längenangaben.

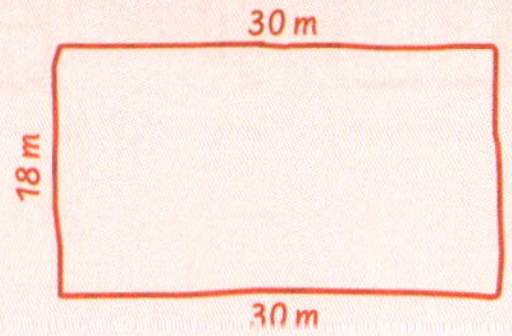

3) Zeichne ein, wie die Pfosten verteilt sind.

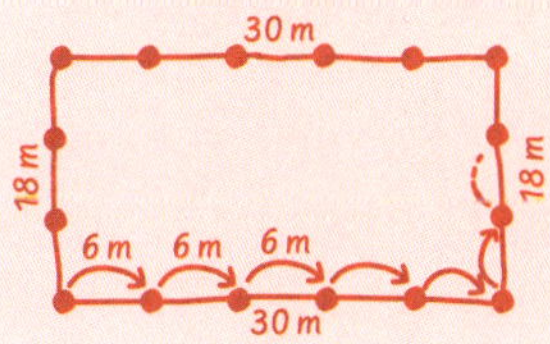

4) Zähle die Pfosten ab.

5) Ermittle anhand deiner Skizze die benötigte Zaunlänge:
30 m + 18 m + 30 m + 18 m = ▢
Das ist der Umfang des Grundstücks.

1 Janeks Familie zieht um.

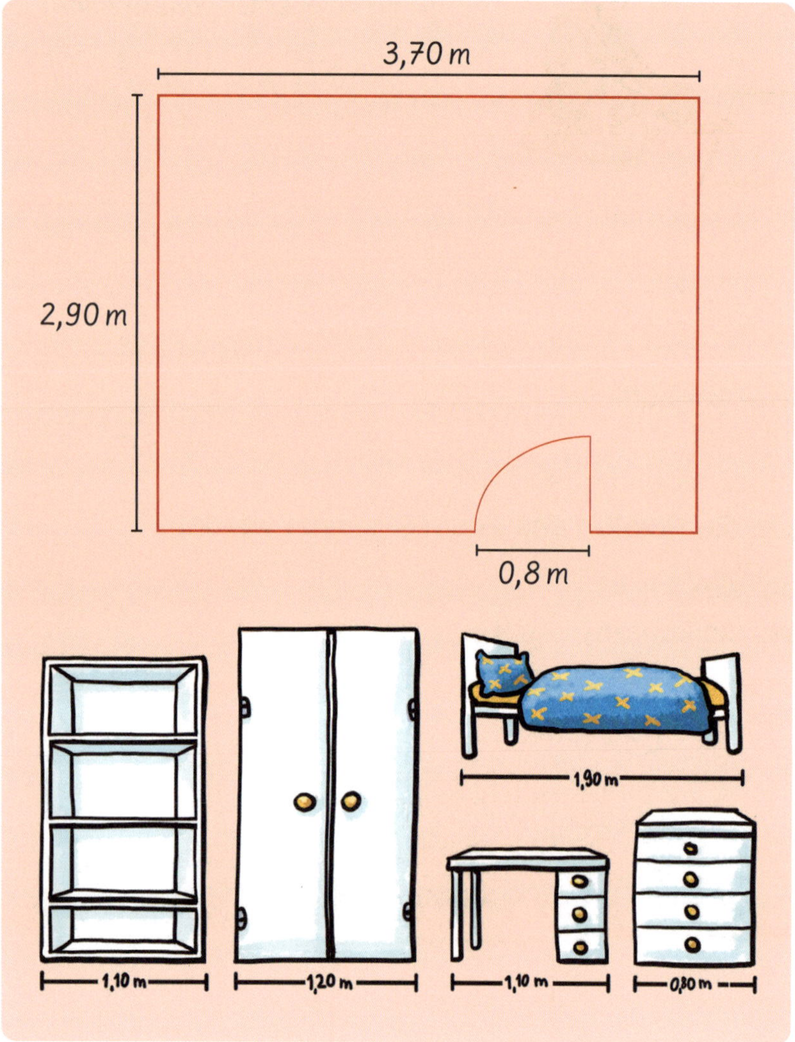

a) Kreuze passend an.

	ja	nein
Das Bett und den Schreibtisch kann man an die kurze Seite stellen.	○	○
Das Regal und das Bett passen an der langen Seite nebeneinander.	○	○
Den Schrank und das Regal kann man an die kurze Seite stellen.	○	○
Das Bett, die Kommode und den Schrank kann man an der langen Seite nebeneinander stellen.	○	○

b) Zeichne eine Skizze (S), wie du die Möbel in Janeks Zimmer stellen würdest.

Seite 62 Aufgabe 1
b) ...

* den Grundriss eines Zimmers verstehen und für eine Planung nutzen
* in Sachsituationen mit Längenangaben rechnen

Einstern *leicht gemacht* 3

Themenheft 3

- Schriftliche Subtraktion
- Körper
- Längen

Erarbeitet von:	Roland Bauer und Jutta Maurach
Redaktion:	Agnetha Heidtmann, Friederike Thomas, Sophie Yurdakul
Illustration:	Yo Rühmer
Grafiken (Scheine und Münzen):	Christine Wächter
Umschlaggestaltung:	Cornelia Gründer, agentur corngreen, Leipzig
Layout:	lernsatz.de
technische Umsetzung:	Reemers Publishing Services GmbH
Bildquellen:	**S. 5, 16 Euroscheine:** Cornelsen/Christine Wächter/Deutsche Bundesbank; **1-Euro-Münze:** Cornelsen/Christine Wächter/Deutsche Bundesbank/Luc Luycx aus Belgien. **S. 25 A Moderne Villa:** Shutterstock.com/KB_3; **B Landhaus:** Shutterstock.com/elenaburn; **C Turm:** Shutterstock.com/Irina Afonskaya; **D Pyramiden:** Shutterstock.com/WitR.

Begleitmaterialien für Lernende der dritten Klasse

Einstern 3 Paket Verbrauchsmaterial	978-3-06-084736-5
Einstern 3 Paket *leicht gemacht* Verbrauchsmaterial	978-3-06-084742-6
Einstern 3 Arbeitsheft	978-3-06-084759-4
Einstern 3 Übungssternchen	978-3-06-084733-4
Einstern 3 BuchTaucher-App	978-3-06-084764-8
Einstern 3 interaktive Übungen	978-3-06-084769-3

www.cornelsen.de

1. Auflage, 1. Druck 2022

Alle Drucke dieser Auflage sind inhaltlich unverändert
und können im Unterricht nebeneinander verwendet werden.

Druck: Athesiadruck GmbH

ISBN 978-3-06-084725-9

PEFC zertifiziert
Dieses Produkt stammt aus nachhaltig bewirtschafteten Wäldern und kontrollierten Quellen.
www.pefc.de
PEFC/18-31-166

Vorschläge für Plenumsphasen zum vertiefenden Erwerb prozessbezogener Kompetenzen

S. 8/10	**Abziehverfahren:** Kinder beschreiben mithilfe des durch Mehrsystemmaterial veranschaulichten Stellenwertsystems, warum Tauschvorgänge erforderlich sind und wie sie notiert werden; sie benennen Kriterien guter Beschreibungen
S. 15/23	Kinder beschreiben, vergleichen und bewerten ihre Lösungswege bei Zahlenrätseln und verwenden dabei mathematische Fachbegriffe
S. 18/19	**Ergänzungsverfahren:** Kinder beschreiben mithilfe der Stellentafel, wie Überträge beim schriftlichen Subtrahieren entstehen und notiert werden; sie benennen Kriterien guter Beschreibungen
S. 26	Kinder stellen ihre Rätselfragen zu den verschiedenen geometrischen Körpern vor und lösen sie
S. 27	Kinder stellen ihre angefertigten geometrischen Körper vor und begründen, welche Modelle sich für die jeweiligen geometrischen Körper eignen und welche nicht
S. 30	Kinder bauen verschiedene Bauwerke aus geometrischen Körpern und beschreiben diese von vorn, von hinten, von links und von rechts; sie erkennen die Abhängigkeit der Beschreibungen von der Position der betrachtenden Person
S. 34	Kinder erkennen Netze von Spielwürfeln, sie beschreiben und begründen dabei Passungen und Nicht-Passungen
S. 38	Kinder beschreiben, vergleichen und bewerten unterschiedliche Rechenwege; sie benennen auch Kriterien guter Beschreibungen
S. 40	Kinder stellen Methoden zum Überprüfen ihrer Ergebnisse vor, vergleichen und bewerten diese hinsichtlich ihrer Möglichkeiten und Grenzen
S. 47	Kinder vergleichen Messergebnisse beim Messen mit Körpermaßen und beim Messen in Metern und Zentimetern, beschreiben Vor- und Nachteile beider Verfahren und leiten Begründungen für genormte Maßeinheiten ab
S. 58	Kinder stellen Repräsentanten für unterschiedliche Längenangaben vor

Vorschläge für die Förderung von Medienkompetenz

S. 26	Kinder legen eine (digitale) Sammlung mit Rätseln zu geometrischen Körpern an
S. 27	Kinder erkunden digitale Zeichenprogramme und prüfen, ob sie mit diesen auch Körper zeichnen bzw. Kantenmodelle erstellen können
S. 28	Kinder recherchieren im Internet nach Möglichkeiten, Würfelbauten am PC zu erstellen und nutzen diese Tools. Davor sollte thematisiert werden, dass bei der Recherche bzw. vor dem Nutzen der Tools auf eventuell anfallende Kosten oder die Abfrage (personenbezogener) Daten zu achten ist.
S. 32	Kinder recherchieren im Internet nach Möglichkeiten, Körpernetze herzustellen bzw. Körpernetze geometrischen Körpern zuzuordnen und nutzen diese Tools; Kinder produzieren eigene Erklärvideos zum Herstellen von Körpernetzen
S. 34	Kinder recherchieren im Internet nach Möglichkeiten, Spielwürfel im digitalen Raum nach Vorgaben zu bewegen/kippen und nutzen diese Tools
S. 47	Kinder recherchieren im Internet/in Büchern zum Urmeter und präsentieren ihre Ergebnisse unter Angabe ihrer Quellen
S. 56	Kinder schätzen, wie viele Schritte sie an einem Tag und in einer Woche gehen, sie überprüfen ihre Schätzungen mithilfe einer Schrittzähler-App. Dies kann als Anlass genommen werden, um über Bewegung im Alltag zu sprechen.

Synopse zu den Medienkompetenzbereichen

Suchen, Verarbeiten und Aufbewahren	S. 24, 26, 44, 45, 46, 47, 56, 57, 58
Kommunizieren und Kooperieren	S. 47
Produzieren und Präsentieren	S. 24, 26, 32, 46, 47, 58
Schützen und sicher Agieren	S. 28, 56
Problemlösen und Handeln	S. 27, 28, 32, 34, 43, 56